UNIVERSITÉ DE PARIS — FACULTÉ DE DROIT

LE
DOUAIRE COUTUMIER
A PARTIR DU XIIIᵉ SIÈCLE
ET SA SUPPRESSION

THÈSE DE DOCTORAT

Présentée et soutenue le Vendredi 1ᵉʳ juin 1900, à 8 h. 1/2

PAR

Jean SCHMITZ

Président : M. Lefebvre, *professeur.*

Suffragants { MM. Leseur, *professeur.*
              Garçon, *professeur.*

PARIS

LIBRAIRIE DE LA SOCIÉTÉ DU RECUEIL GÉNÉRAL DES LOIS ET DES ARRÊTS
FONDÉ PAR J.-B. SIREY, ET DU JOURNAL DU PALAIS
Ancienne Maison L. LAROSE & FORCEL
22, rue Soufflot, 22

L. LAROSE, Directeur de la Librairie
1900

THÈSE

POUR

LE DOCTORAT

LE
DOUAIRE COUTUMIER

A PARTIR DU XIIIe SIÈCLE
ET SA SUPPRESSION

THÈSE DE DOCTORAT

Présentée et soutenue le Vendredi 1er juin 1900, à 8 h. 1/2

PAR

Jean SCHMITZ

Président :   M. LEFEBVRE, *professeur.*

Suffragants { MM. LESEUR, *professeur.*
            GARÇON, *professeur.*

PARIS

LIBRAIRIE DE LA SOCIÉTÉ DU RECUEIL GÉNÉRAL DES LOIS ET DES ARRÊTS

FONDÉ PAR J.-B. SIREY, ET DU JOURNAL DU PALAIS

Ancienne Maison L. LAROSE & FORCEL

22, rue Soufflot, 22

L. LAROSE, Directeur de la Librairie

1900

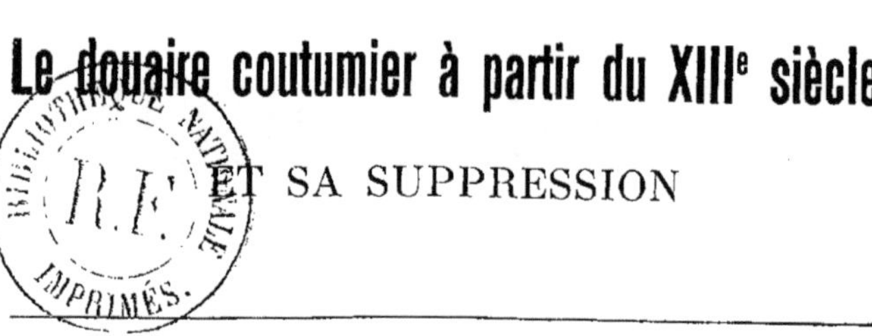

Le douaire coutumier à partir du XIIIᵉ siècle

ET SA SUPPRESSION

INTRODUCTION

Parmi nos institutions coutumières qui ont eu leur source dans le droit barbare et qui ont été le moins déviées par la renaissance du droit romain, le douaire est une des plus intéressantes à étudier.

Le douaire c'est un gain de survie accordé à la femme sur les biens de son mari prédécédé. De tout temps on se préoccupa d'assurer le sort des femmes, de pourvoir à leur subsistance, et le douaire est l'un des premiers avantages qui leur a été consenti.

Il est né chez les peuplades germaniques et est entré en France à la suite des invasions. Il y a trouvé un terrain bien préparé pour son développement, grâce à l'esprit chrétien qui y était à cette époque très répandu ; aussi fit-il vite de rapides progrès, et au xiiiᵉ siècle nous le

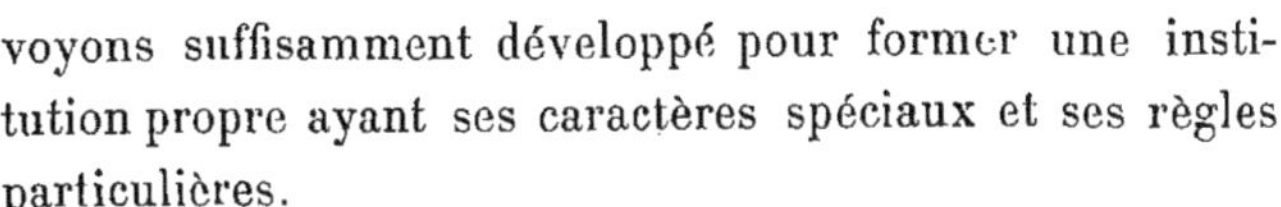

voyons suffisamment développé pour former une institution propre ayant ses caractères spéciaux et ses règles particulières.

C'est du xiiie siècle que nous comptons faire partir notre étude sur le douaire, ne rappelant en quelque sorte qu'accidentellement la période antérieure. Mais ce que nous chercherons à développer le plus c'est ce qu'est devenu le douaire dans la période comprise entre le xiiie siècle et la Révolution, période où il a atteint son développement le plus complet.

Et à cet effet, nous nous proposons de mettre surtout en lumière le douaire de la femme dans les pays coutumiers, nous contentant d'être assez brefs sur le douaire des enfants. Certaines coutumes en effet accordaient à ceux-ci à titre de douaire la propriété des biens sur lesquels portait en usufruit le douaire de la femme.

Nous dirons un mot aussi d'une institution semblable au douaire, et qui s'est développée dans les pays de droit écrit, institution qui avait reçu le nom d'augment de dot. Notre ancienne France était en effet divisée en deux régions bien distinctes : celle du Nord, soumise au droit coutumier, c'est-à-dire à un droit propre à notre pays, venu du développement successif de chacune de nos coutumes locales, et celle du Midi régie par le droit écrit, c'est-à-dire par un droit formé en grande partie du droit romain.

Cette distinction subsista jusqu'en 1789, malgré les tentatives souvent faites pour unifier le droit.

Nous nous attarderons davantage aux règles sorties de notre droit coutumier, car il est plus intéressant pour nous de l'étudier que le droit écrit. Notre droit coutumier, en effet, qui pendant longtemps eut à soutenir le choc de la renaissance du droit romain, finit par sortir vainqueur de la lutte sur bien des points. Et le douaire qui va seul nous occuper ici n'a été une institution vraiment originale que dans les pays de coutumes; les Romains ne le connaissaient nullement.

Dans cette étude nous serons obligés souvent d'examiner les règles de plusieurs coutumes sur le même point, car chaque province, et quelquefois même chaque ville était régie par une coutume distincte. Cela nous forcera à morceler en quelque sorte notre travail; mais nous verrons que plus nous avancerons vers la fin de l'ancien régime, plus nous trouverons une tendance à l'unité dans la législation; cette tendance se manifeste d'ailleurs dans les administrations judiciaires et politiques et dans toutes les institutions.

Les rois de France, en effet, tentèrent sans cesse de tout ramener à eux en abaissant la puissance des Seigneurs et de l'Église et de fondre les dispositions diverses des coutumes dans des Ordonnances exécutoires dans tout le royaume. Ce n'est qu'à la fin de l'ancien régime qu'ils y réussirent à peu près.

Mais la fin de l'ancien régime marque aussi, ou peu s'en faut, la fin du douaire. Celui-ci était devenu en butte à de nombreuses attaques, attaques justifiées d'ailleurs par les autres avantages dont la femme se trouvait entourée, surtout depuis la renaissance du droit romain. Cette partie de notre étude ne sera pas la moins importante ni la moins difficile.

Ainsi le douaire, s'il survécut encore à la Révolution, maintenu par les lois de la période intermédiaire, ne devait pas trouver grâce auprès des rédacteurs du Code civil. Il ne figure pas en effet dans notre Code, au moins en temps que douaire légal.

Tel sera notre plan, mais pour être complet, il nous restera à dire un mot d'une loi relativement récente, de la loi du 9 mars 1891 qui, sans avoir rétabli le douaire, a accordé cependant au conjoint survivant un droit d'usufruit sur les biens de l'autre : mais ce n'est qu'un droit de succession réciproque, qui n'a par conséquent aucun des caractères du douaire.

CHAPITRE PREMIER

Le xiii° siècle forme une première étape dans l'histoire du développement du douaire. A cette époque le douaire est déjà une institution bien nette, bien caractérisée, surtout depuis la célèbre ordonnance rendue par Philippe-Auguste en 1214.

Voici ce que Beaumanoir, qui exposa la coutume de Beauvoisis nous dit à ce sujet : « La général coustume des douaires de ce que le feme emporte le moitié de ce que li hons à au jor qu'il l'espouse, si comme j'ai dit dessus, si commencha par l'establissement le bon Roi Phelippe, roi de France, li quels regnoit en l'an mil deus cens et quatorze. Et cest establissement commanda il à tenir par tout le roiaume de France, exceptée la couronne et plusors baronies tenues du roiaume, les quels ne se partent pas à moitié por le douaire, ne n'emportent les dames en douaire fors ce qui lor est esconvéniancié en fesant le mariage. Et devant cest establissement du bon Roy Phelippe, nule feme n'avoit douaire fors tel qui li estoit conveniancié au mariage. Et bien apert que le coustume était tele anciennement, par une parole qui li prestres fet dire à l'omme quant il espouse, car il dist : Du douaire qui est devisés entre mes amis et les tiens te deu [1]. »

Le douaire portait donc au xiiie siècle sur la moitié des biens que le mari possédait au jour de son mariage. Mais pourquoi la quotité avait-elle été fixée à la moitié ? Était-ce une innovation de Philippe-Auguste, ou ce prince n'avait-il fait que prendre la quotité la plus élevée qui se trouvait dans d'autres coutumes pour tâcher d'en faire le droit commun ?

A cette époque la France était régie par une infinité de coutumes qui étaient obligatoires, chacune dans son ressort. Les quotités naturellement étaient très variables, mais le plus généralement, c'était le tiers qui était adopté.

Primitivement même il n'y avait rien de semblable, le douaire portait alors sur la propriété de certains biens du mari, déterminés à l'avance dans les *libelli dotis* et les *dotalitia*. Mais peu à peu, afin de conserver les biens dans la famille, on en vint à ne plus faire porter le douaire que sur l'usufruit d'une certaine partie de l'héritage du mari. Le douaire devint alors un droit viager. Le but que s'était proposé le mari en constituant un douaire à sa femme était

---

1. Beaumanoir, *Coutume de Beauvoisis*, édition Beugnot, chapitre XIII, n° 12.

atteint aussi sûrement puisque celle-ci était assurée de jouir des biens pendant toute sa vie.

On fixa d'abord la quotité au tiers, principalement dans les provinces de l'Ouest de la France. Cela vint de l'influence anglaise, car dans les pays où s'exerçait le droit anglais, le mari devait *dotare* sa femme du tiers de ses immeubles. Cela nous est attesté par Glanville [1]. « ... *Cum quis autem sponsam suam dotat aut nominat dotem, aut non. Si non nominaverit tertia pars totius tenementi liberi sui intelligitur dos ejus... Si vero dotem nominat et plus tertia parte, dos ipsa in tanta quantitate stare non poterit : amensurabitur enim usque ad tertiam partem..... »*

Ceci nous montre donc bien que l'homme, déjà anciennement devait doter sa femme, c'est-à-dire lui assigner un douaire...

Mais une tendance s'établit à l'augmenter, tout au moins pour les roturiers dont les biens n'étaient pas, comme ceux des nobles, soumis à une retenue des deux tiers. Il est dès lors fort probable que Philippe-Auguste a élevé les quotités qui existaient généralement dans les autres coutumes. D'ailleurs jusqu'à lui le douaire n'était jamais que conventionnel. Si les époux n'avaient fait

---

1. Glanville, *De legilus Angliæ*, livre VI, titre 1.

Dans les capitulaires de nos rois, il est déjà fait mention aussi du douaire. Nous lisons en effet dans la collection de Benedictus Levita au capitulaire 133 du livre VI : *Nullum sine dote fiat conjugium, nec sine publicis nuptiis quisquam nubere præsumat,* et plus loin au capitulaire 179 du livre VII... *per concilium et benedictionem sacerdotis et consultu aliorum bonorum hominum eam sponsare et legitime dotare debet.*

aucune convention, la femme à la mort de son mari ne pouvait prétendre à aucun douaire. Mais on prit vite l'habitude d'insérer toujours cette clause dans les contrats de mariage.

C'est à Philippe-Auguste que revient l'honneur d'avoir introduit le douaire légal, comme le prouve le fragment de Beaumanoir cité au début dans sa partie finale.

Avant lui, pour que le douaire fut constitué, le mari devait dire à sa femme devant le prêtre : « Du douaire qui est devisés entre mes amis et les tiens te deu. »

Grâce à Philippe-Auguste cette formule était supprimée, et la femme avait droit au douaire même en l'absence de toute clause.

Mais cette moitié soumise au douaire, sur quels biens portait-elle ? Elle portait, nous dit l'ordonnance de 1214, sur les biens possédés par le mari lors de son mariage. C'était assez naturel car le douaire était constitué avant le mariage ; mais cela ne manquait pas cependant d'une certaine injustice, car le mari, en général, n'avait pas encore en se mariant hérité de ses parents et son patrimoine était alors fort restreint.

Aussi voyons-nous qu'au temps de Beaumanoir, c'est-à-dire vers la fin du xiiiᵉ siècle le douaire portait et sur les biens que le mari possédait au jour du mariage et sur ceux qu'il avait acquis par succession durant le mariage en ligne directe [1]. Beaumanoir précise bien, il n'est ques-

1. S'aucune descendue d'éritage vient à l'omme et tans qu'il a feme, comme de son père ou de sa mère ou de son aiol ou de son aiole, ou de plus

tion que des biens acquis en ligne directe ; ceux provenant de la ligne collatérale ne sont point soumis au douaire[1].

Mais parmi les biens que le mari possédait, se trouvaient pour les nobles les fiefs ; or ceux-ci donnaient à leurs titulaires certains droits, certaines dignités, comme aussi ils les chargeaient d'obligations.

Qu'allait-il arriver quand la femme trouvait un fief dans le patrimoine de son mari ? Dans les premiers siècles peut-être les femmes ne purent-elles les posséder à cause des services auxquels ils astreignaient. En tout cas, au temps de Beaumanoir, il n'en était plus ainsi et la femme pouvait parfaitement être « dame de fief », et s'il était des services qu'elle ne pouvait faire elle-même, elle les faisait par autrui, comme par exemple le service militaire : « L'en doit prendre à feme (le Seigneur doit accepter la femme pour vassale) car elle pot fere par autrui ce qu'elle ne pot fere de soi », lisons-nous dans le livre de Jostice et de Plet, à la page 237.

Beaumanoir lui aussi disait : « La femme, par notre coustume, emporte, en son douaire, le fief manoir, tout soit ce que ce soit forterece, et tout l'enclos, tout soit ce

loins en dêscendant, et li hons muert puis cele descendue, ains que la feme : la feme emporte la moitié par la reson du douaire...

Beaumanoir, *op. cit.*, chap. XIII, n° 14.

1. Se tere esquiet de costé à celi qui est mariés comme d'oncle ou d'autain, de frère ou de sereur, ou de plus lointaing degré de lignage et li hons muert, la feme n'i a nul douaire en tel manière d'esquéance.....

Beaumanoir, *op. cit.*, chap. XIII, n° 13.

qu'il soit tenus de plus ors Seigneurs. Et cel cas de le forterece ai-je vu débattre et puis aprouver par jugement[1]. »
La femme, si donc elle trouve un fief dans le patrimoine
de son mari, pourra parfaitement avoir son douaire sur
lui. Mais il y avait exception pour les forteresses classées
dans la catégorie des castels. Nous lisons en effet dans
Beaumanoir : « Tout soit il ainsi que les dames, par la
coustume de Biavoisis, emportent les fortereces en douaire,
nous l'entendons des fortereces qui ne sont pas castiax,
liquels sont appelé castel, par le reson qu'il sont quief de
le comté, si comme Clermont ou Crecil, car nus de cex
n'en serait portés en douaire[2]... »

Tous ces biens du mari qui étaient soumis au douaire,
pouvait-il les aliéner, comme il voulait, durant le mariage, et rendre ainsi le droit de sa femme illusoire ?

Primitivement, alors que le douaire n'était jamais que
conventionnel, le droit de la femme portait sur la pleine
propriété de certains biens du mari. Son droit était donc
très solide ; mais bientôt avec l'apparition du douaire
légal, son droit fut converti en un droit d'usufruit, ou
plutôt en un droit appelé viage, droit plus complet que
l'usufruit de nos jours, car il comportait les dignités et les
honneurs attachés aux biens soumis au douaire. Et même
à cet égard on peut se demander si ce viage était un droit
de jouissance, ou si ce n'était pas plutôt une propriété
temporaire. La femme serait pleine propriétaire, mais

1. Beaumanoir, *op. cit.*, chap. XIII, n° 8.
2. Beaumanoir, *op. cit.*, chap. XIII, n° 19

grevée de restituer à sa mort ; et cela cadre mieux avec cette idée qui se fit jour dans la suite que pour que le mari aliénât un de ses biens composant le douaire de sa femme, il devait faire concourir celle-ci à l'acte, afin de protéger pleinement le tiers acquéreur.

D'ailleurs les héritiers du mari furent forcés eux aussi de faire en sorte de ramener le bien aliéné dans le patrimoine du mari, et même une règle s'établit suivant laquelle l'aliénation consentie par le mari serait rescindée à sa mort ; donc le bien rentrant dans la succession, la femme en pourra jouir ; mais à la mort de celle-ci le bien devra retourner à l'acquéreur et non à l'héritier nu-propriétaire, la rescission ayant lieu uniquement dans l'intérêt de la femme[1].

Un dernier pas fut fait dans les coutumes qui admettaient le douaire des enfants, comme la coutume de Paris. Dans ces coutumes, les enfants avaient comme douaire la propriété des biens dont la femme avait l'usufruit à titre de douaire. Dans de telles coutumes, on comprend que les biens soumis au douaire aient été frappés d'une véritable inaliénabilité, le mari ne pouvant toucher aux biens dont la propriété devait revenir à ses enfants à titre de douaire.

Ainsi donc propriété d'abord, puis jouissance seulement, mais frappant les biens d'une espèce d'inaliénabilité. Tel

---

1. Si li hons muert avant, la feme emporte son douaire. Mais si tost qu'ele est morte, li héritages va à celi qui l'aceta, tout soit ce qu'ele ait enfans de celi qui li vendi..... Beaumanoir, *op. cit.*, chap. XIII, n° 5, *in fine.*

est le douaire de la femme. Il y a là quelque chose d'assez analogue à ce qui s'était passé à Rome pour la dot apportée par la femme à son mari. Celui-ci en avait eu d'abord la pleine propriété ; et on en vint ensuite à déclarer tout à fait inaliénables les biens composant la dot. Au dire de quelques auteurs, à une certaine époque, la femme pendant le mariage serait restée propriétaire de la dot et le mari n'en aurait eu que l'usufruit.

Le douaire donc, au temps de Philippe-Auguste, s'était bien perfectionné, mais une grande part de cette transformation revient à l'Église. L'Église eut, en effet, toujours pour but de favoriser les femmes et les enfants et d'améliorer leur condition, et il est évident que dans la matière du douaire tout particulièrement, son influence fut très sensible, et qu'elle ne fut pas étrangère à l'augmentation de sa quotité sous Philippe-Auguste.

Mais c'est surtout dans les siècles antérieurs que sa prépondérance est plus grande, car à cette époque les évêques participent à la rédaction des lois, et sont à peu près les seuls gens lettrés à qui l'on peut avoir recours quand il s'agit d'expliquer un texte. Il y a toujours de plus des gens d'Église parmi les membres du Conseil du Roi.

Quant à la juridiction compétente pour le douaire, ce fut évidemment celle des seigneurs puis du roi, car il s'agissait du régime des biens ; mais la juridiction de l'Église étant plus humaine, on prit l'habitude d'y recourir de préférence aux autres, d'autant plus que l'Église était seule compétente, tout au moins à l'origine, pour le mariage, et que le douaire se rattachait étroitement à lui.

Mais ce n'est pas à dire que l'Église ait tout fait et que le douaire soit né directement de France. Non, le douaire a une origine plus ancienne. Il est né de certaines institutions germaniques et gallo-romaines, qui se sont développées, il est vrai, plus facilement peut-être en France qu'ailleurs, grâce à l'influence de l'Église.

Ces institutions furent principalement chez les Barbares la dos, le morgengabe, et les gains de suivie, et chez les Gallo-Romains la *donatio ante nuptias*.

Voyons très brièvement la part qu'il faut attribuer à ces institutions dans la formation du douaire en France, afin d'avoir une vue d'ensemble sur le douaire jusqu'au xIII° siècle.

Chez les Germains, il était d'usage que le mari constituât à sa femme une dos[1] en se mariant. En outre il lui faisait le lendemain du mariage une autre donation appelée morgengabe, don du matin.

Ces deux institutions ne tardèrent pas à se confondre et le morgengabe fut stipulé avant le mariage, en même temps que la dos.

Quant aux gains de survie[2], on les rencontre aussi dans

---

1. C'était le mari qui donnait la dot, non lui qui la recevait, comme pour la dot romaine. *Dotem non uxor marito sed maritus uxori offert.* (Tacite, *De moribus germanorum*, chap. 18.)

2. Voici des exemples chez quelques peuplades qui se sont établies en France. Chez les Burgondes : pretium nuptiale, appelé aussi wittemon, donation faite à la femme par le mari pour lui prouver sa reconnaissance ; morgen-

presque toutes les lois barbares. Les époux se faisaient au cours du mariage des donations réciproques qui devaient profiter au survivant. Or, c'était le plus souvent le mari qui prédécédait, car il était en général plus âgé que sa femme, et de plus le métier des armes augmentait encore pour les femmes les chances de survie.

Dans les formules des chartes contenant ces donations, se trouvent toujours ces mots : *si prius mortuus fuero, si tu mihi superstes fueris,* ce qui montre bien que la condition de survie était essentielle, à la différence de ce qui se passait dans la dos et le morgengabe.

Nous avons vu tout à l'heure que la dos et le morgengabe s'étaient fondus ensemble. Nous n'avons donc plus en présence que la dos nouvelle et les gains de survie. Ceux-ci formaient pour ainsi dire le supplément de la dos, aussi en vint-on à leur donner le nom de petite dos, de *dotalitium.*

La dos se stipulait avant le mariage, le *dotalitium* pendant ; mais peu à peu on rapprocha tellement le moment d'exécution de ces deux actes, qu'on en vint à les insérer ensemble et à leur donner un nom unique, *dotalitium.*

C'est à l'époque des Carolingiens que le *dotalitium* paraît établi sur ses nouvelles bases. Le *dotalitium* qui paraît le plus ancien est celui conféré au profit de la reine Hildegonde par Charlemagne en 783.

gabe ; gains de survie. *Lex Burgundiorum,* titre XII, 4 : titre XLII, 2 ; titre XXIV. Chez les Francs ripuaires, on retrouve aussi ces trois libéralités, quoique peut-être un peu moins bien marquées. *Lex Ripuariorum,* titre XXXVII.

C'est de ce *dotalitium* que vient notre douaire coutumier. Il en a tous les caractères : ainsi il n'est accordé à
la femme qu'en cas de survie, et à elle seule, ne passe pas
à ses héritiers ; ce n'est plus qu'un droit d'usufruit et il
n'implique aucunement que la femme a apporté une dot.

Nous n'ignorons pas que d'autres systèmes ont été pro-
posés au sujet de l'origine barbare du douaire.

Ainsi on a dit que le douaire vient uniquement de la
dos ; on ne méconnaît pas l'existence du morgengabe,
mais on prétend qu'il disparut très vite. Mais c'est là une
pure affirmation et le morgengabe, à cause de la très
grande importance qu'il avait autrefois, ne dut pas dispa-
raître ainsi tout d'un coup. En outre il y a une très grande
ressemblance entre les caractères du douaire et ceux du
morgengabe, surtout relativement à cette vieille coutume
qui ne permettait à la femme d'acquérir son douaire
qu'après sa première nuit de noce.

Un autre système tout à l'opposé de celui-ci fait venir le
douaire uniquement du morgengabe. Il néglige complètement la dos. Mais comment nier son existence et sa survivance à travers les siècles si l'on songe à l'importance
que l'Église lui donnait en en faisant une condition essentielle du mariage.

Un troisième système, cherchant à concilier les deux
autres veut voir l'origine du douaire dans la fusion de la
dos et du morgengabe. Ce système se rapproche déjà du
nôtre, mais ne parle pas des gains de survie. Or s'il n'y
avait que les deux institutions dont parle ce système, le

douaire devrait être dû au moment du mariage et porter sur
la pleine propriété, caractères qui ne se retrouvent pas en lui.

Ce système semble bien être soutenu par M. Kœnigs-
warter [1] qui, parlant de l'émancipation de la femme, établit trois phases successives. Dans la première la dos ou
pretium nuptiale sert à acheter la femme ou tout au moins
le *mondium* sur elle. Dans la deuxième le morgengabe montre l'apparition de sentiments plus dignes, plus tendres.

Enfin dans la troisième on voit le véritable amour con-
jugal se développer avec le douaire qui servira à la veuve
à conserver une position indépendante.

Enfin mentionnons un quatrième système qui s'appuie
aussi sur une fusion, mais fusion du morgengabe et des
gains de survie. Il rejette complètement la dos, préten-
dant que depuis l'introduction du régime dotal des Romains
en France, la dos germanique disparut.

C'est là une affirmation toute gratuite ; la dos germanique ne fut nullement remplacée par la dos romaine qui
jamais ne fut usitée en pays de coutume. C'est pourquoi
nous ne pouvons admettre ce système quoiqu'il ne diffère
pas sensiblement du nôtre.

Mais, avons-nous dit plus haut, le douaire n'a pas que
cette origine germanique ; il vient aussi de la *donatio ante
nuptias* des Gallo-Romains.

C'était une donation faite par le futur mari à sa fiancée
dans le but d'assurer à la femme devenue veuve des res-
sources plus grandes que celles qu'elle pouvait trouver dans

1. Voir *Revue de Législation*, tome 34, l'article de M. Kœnigwarter.

la restitution de sa dot. Au Bas-Empire la donation *ante nuptias* put être faite aussi bien pendant le mariage qu'avant, et dès lors elle prit le nom de *donatio propter nuptias*[1].

Cette donation constituait donc un avantage pour la femme veuve et elle a pu servir de modèle pour notre douaire coutumier. Mais il ne faut pas exagérer cette influence, car il y a entre ces deux institutions une différence capitale : la *donatio propter nuptias* suppose que la femme a apporté une dot à son mari et doit être de la même valeur que cette dot[2].

Il n'y a au contraire aucune relation entre le douaire et la dot apportée par la femme. Il était même rare dans notre ancien droit que la femme apportât une dot en se mariant, surtout une dot sérieuse, et la convention de douaire se trouvait au contraire dans tous les mariages, ou à peu près, jusqu'à ce que le douaire devint légal.

L'influence romaine fut donc assez faible[3], et c'est surtout dans les trois institutions germaniques citées plus haut que l'on trouve la vraie origine de notre droit coutumier sur le douaire.

Mais, comme nous l'avons vu, le douaire s'est vite développé, pour arriver au xiiie siècle à former une de nos institutions coutumières les mieux régies, ayant ses caractères propres et aussi son utilité.

---

1. *Institutes, De Donationibus,* II, 7, § 3.
2. *Code, De dolis promissione,* livre V, titre XI, Constitution 7.
3. Voir article de M. Rimasson, sur origines du douaire, *Revue de Législation,* années 1870-71.

CHAPITRE II

Le douaire ne devait pas rester tel qu'il était au xiiie siècle. S'il avait déjà fait de grands progrès depuis l'époque ou sous le nom de *dotalitium*, on le voit figurer dans de nombreux *libelli dotis*, il lui en restait encore beaucoup à faire.

Pour bien connaître tous les caractères du douaire à cette époque, nous diviserons ce chapitre en quatre sections.

Section I. — Ouverture du douaire.

Section II. — Nature du douaire.

Section III. — Quotité et assiette du douaire.

Section IV. — Extinction du douaire.

Nous nous attacherons surtout dans ces quatre sections à faire ressortir les caractères qui faisaient du douaire une institution propre et à dégager ce qui constituait en quelque sorte le droit commun sur cette matière.

SECTION PREMIÈRE

OUVERTURE DU DOUAIRE

Le douaire étant un avantage fait à la femme survivante, il fallait nécessairement qu'il y ait eu mariage pour qu'il puisse exister, et mariage valable, produisant des effets civils. L'Église se contentait pour la validité du mariage de la présence du curé. Le Concile de Trente s'était réfusé énergiquement à exiger le consentement des parents.

Le pouvoir civil au contraire exigeait outre la présence du prêtre, le consentement des parents, mais n'osant prononcer la nullité quand cette dernière condition n'était pas réalisée, il se contentait de retirer au mariage ses effets civils ; la femme était dès lors privée de son douaire. Toutefois, devant les inconvénients inhérents à de tels mariages, valables en soi, mais dénués d'effets, la jurisprudence se décida à faire un pas de plus, et c'est ainsi que nous voyons en 1692 le Parlement de Paris, sur les conclusions conformes de M. de Lamoignon, prononcer la nullité.

Il faut de plus que le mari soit mort, puisque le douaire n'est dû à la femme qu'en cas de survie.

C'est dans ce sens que Loysel dit dans ses *Institutes Coutumières* : « Jamais mari ne paya douaire [1]. »

Il s'agit bien entendu de la mort naturelle du mari.

1. Loysel, *Institutes Coutumières*, livre I, titre III, art. VI.

Mais au cas de mort civile en était-il de même, et la femme avait-elle droit à son douaire ? Les avis des jurisconsultes étaient divergents sur cette question, et les coutumes, en donnant des solutions différentes le montrent bien. L'opinion la plus généralement répandue était que le douaire n'est ouvert que par la mort naturelle du mari. En cas de mort civile, la veuve n'a droit à rien. C'était l'avis de Dumoulin, avis partagé aussi par Louet [1] ; cependant celui-ci permet à la femme de prendre du vivant de son mari une provision jusqu'au jour où la mort de celui-ci lui donnera droit à son douaire.

Mais cette opinion n'était pas admise partout. Ainsi la coutume du Nivernais admettait, au dire de Guy Coquille [2], que la mort civile suffisait pour que la femme eut droit au douaire.

La simple séparation suffisait même dans cette coutume pour donner ouverture au douaire, ce qui paraît d'abord assez logique, car quand le mari dissipe sa fortune il semble naturel que la femme puisse prendre son douaire de suite.

Mais ceci était loin de constituer le droit commun. La séparation de biens différait trop complètement de la mort civile pour donner comme elle ouverture au douaire ; il y

1. Louet, *Recueil d'arrêts*, lettre D, sommaire 36, cite un arrêt du 27 janvier 1596 jugeant que la femme ne peut demander son douaire sur les biens de son mari, condamné par défaut et contumace.

2. Guy Coquille dans ses questions au n° 150 dit en effet que c'est la même chose pour la femme au point de vue de son douaire d'avoir son mari mort de mort naturelle ou dans l'impossibilité de pourvoir à sa subsistance.

a nombre d'arrêts qui le montrent. Toutefois il faut dire que le Parlement de Paris adjugeait sans difficulté à la femme séparée le même douaire qu'à la femme veuve, douaire qu'il réduisit au xvie siècle à la moitié : demi-douaire.

Mais une fois le douaire ouvert, la femme allait-elle en être saisi de plein droit? Dans la plupart des coutumes, et notamment dans celle de Paris il en était ainsi : « Douaire soit coutumier ou préfix saisit, sans qu'il soit besoin de le demander en jugement et courent les fruits et arrérages du jour du décès du mari », dit l'art. 256 de la coutume de Paris. Mais il n'en avait pas toujours été ainsi, et ce qui le montre, c'est que Loysel, dans l'article 11 du titre des douaires de ses *Institutes coutumières* dit : « Douaire préfix ou convéniancé ne saisissait point et se devait demander en jugement, ce qui commence à se corriger quasi partout. »

Quelques coutumes, tout en admettant en principe que le douaire saisit, établissent des restrictions. Ainsi celle du Berry après avoir dit que la femme est saisie du douaire coutumier, ajoute : « Quoi qu'elle soit saisie de droit, si elle ne s'est pas mise de fait en possession, elle ne peut demander aux héritiers du mari plus de cinq années de jouissance de son douaire pour le temps passé. »

La coutume d'Orléans ne paraît pas contenir de disposition nette sur ce point. Ce qui paraît résulter de ses articles 248 et 249 c'est d'une part que la femme n'est saisie du douaire coutumier que si elle fournit caution et d'autre part que si elle a le choix entre le douaire coutumier et le douaire conventionnel et qu'elle choisisse le premier elle devra le demander ; dans ce cas, c'est à partir seulement du jour de la demande qu'elle en sera saisie. Au contraire, si elle choisit le douaire conventionnel, elle sera saisie de plein droit.

Certaines coutumes enfin — elles forment d'ailleurs la minorité — déclarent nettement que la femme n'est nullement saisie de plein droit. La coutume de Normandie s'exprime ainsi dans son article 368 : « Douaire n'est dû, sinon du jour qu'il est demandé, s'il n'est autrement convenu par le traité de mariage. » La coutume de Blois dans son article 190 contient une disposition analogue : « Le douaire préfix est dû du jour du trépas, et le coutumier du jour qu'il est requis et non plus tôt. »

Ces remarques faites sur la saisine, rappelons que la femme a droit à son douaire quand son mari est mort. Mais à partir de quel moment ce droit est-il fixé sur sa tête ? Anciennement nos coutumes exigeaient qu'il y ait eu consommation du mariage pour que la femme pût avoir droit à son douaire, ou tout au moins qu'il y ait présomption que le mari avait connu sa femme [1].

---

1. Beaucoup d'auteurs prétendent que cela provenait de l'influence des Canonistes qui avaient distingué deux moments dans le mariage : le *matrimonium ratum*, quand les fiancés avaient échangé leur consentement et le *matrimonium consummatum*, quand le mariage avait été consommé. Mais nous croyons que ce n'est pas dû à cette influence, car la distinction en *matrimonium ratum* et *matrimonium consummatum* ne date que du décret de Gratien, rendu au xiie siècle ; or le douaire existait bien avant.

Mais cette règle ne devait pas durer, et l'on n'exigea plus que la bénédiction nuptiale, comme le montre l'article 5 du titre des douaires des *Institutes coutumières* de Loysel : « On disait jadis au coucher gagne la femme son douaire, maintenant dès lors de la bénédiction nuptiale. »

C'est donc la bénédiction nuptiale qui fixe le douaire sur la tête de la femme. Cependant quelques coutumes exigeaient encore, au temps de Pothier, qu'il y ait eu consommation du mariage, tout au moins consommation présumée. Ainsi la coutume de Bretagne disait dans son article 450 : « Femme gagne son douaire ayant mis le pied au lit, après être épousée avec son seigneur et mari, encore qu'il n'ait jamais eu affaire avec elle [1]. »

Mais de telles coutumes constituaient la minorité et dans presque la généralité du royaume il suffisait de la bénédiction nuptiale. Et même on avait l'habitude dans les quelques coutumes qui employaient encore l'expression consommation du mariage, de prendre ces mots comme voulant dire perfection du mariage par la bénédiction nuptiale.

Toutes ces règles n'ont lieu que quand il s'agit du douaire légal. Depuis Philippe-Auguste, en effet, existe deux sortes de douaire, le douaire coutumier et le douaire conventionnel.

Le douaire légal ou coutumier est celui qui est fixé par

---

1. De même dans la coutume de Normandie, art. 352 : « Femme gagne son douaire au coucher. »

la coutume, qui est dû de plein droit. Le douaire conventionnel ou préfix est celui qui est stipulé par la convention des parties qui peuvent ainsi modifier à leur gré le douaire légal. Dès lors, avec un tel douaire les époux sont libres de décider s'ils le veulent que ce sera par exemple la consommation du mariage qui fixera le douaire sur la tête de la femme.

SECTION II

NATURE DU DOUAIRE

Pour bien connaître la nature du douaire, nous allons étudier séparément le douaire coutumier et le douaire conventionnel. Mais auparavant il est une question qu'il nous faut résoudre en quelques mots : le douaire, du moins le douaire conventionnel, est-il une donation, car pour le douaire coutumier la question ne peut se poser. Nous pouvons répondre non, et Pothier qui est de cet avis se montre très net. Une donation, dit-il suppose une libéralité faite à quelqu'un sans y être obligé, *liberalitas nullo jure cogente facta ;* or le douaire est dû par le mari à la femme.

Il en serait ainsi, quand même on aurait convenu d'un douaire plus élevé que le douaire coutumier. Il ne serait pas donation pour l'excédent, car il est toujours censé procéder de l'obligation que le mari contracte en se mariant

de pourvoir à la subsistance de sa femme, en cas de survie
de cette dernière.

Une des plus importantes conséquences de ce que le
douaire n'est pas une donation, c'est qu'il ne sera pas
soumis à la formalité de l'insinuation [1].

Cette question tranchée, occupons-nous du douaire coutumier ou légal. C'est celui auquel la femme a droit en
l'absence de toute convention intervenue entre les
époux.

Ce douaire est un droit d'usufruit; il en était d'ailleurs
déjà ainsi au XIIIe siècle, c'est-à-dire un droit viager dont
la femme jouira sa vie durant, et qui à sa mort fera retour
à l'héritier nu-propriétaire.

Nous allons donc trouver ici tous les caractères de
l'usufruit, mais nous serons très brefs ; toutes les règles
auxquelles est soumis ce droit ne servant pas à donner
au douaire un caractère propre. La douairière a d'abord le
droit de percevoir les fruits des héritages soumis à son
douaire. Elle fait siens les fruits naturels dès qu'elle les a
perçus. Quant aux fruits civils elle les acquiert jour par
jour.

Ce sont donc les règles ordinaires de l'usufruit qui
s'appliquent ici, règles qui se trouvent encore dans notre
Code civil (art. 585 et 586). Mais il faut bien remarquer
que dans ces fruits civils ne rentrent nullement les droits

---

1. Renusson, *Traité des Douaires*, ch. 4, n° 5, soutient que quand le douaire
préfix est énorme, portant par exemple sur l'usufruit de tous les biens du
mari, il doit être assimilé à une donation, donc soumis à l'insinuation.

honorifiques attachés à une terre : *Jura honorifica non sunt in fructu*. La douairière ne peut prétendre les exercer comme étant des revenus de l'héritage soumis à son douaire, car comme le dit fort bien Pothier, le revenu ne s'entend que de l'utile, non de l'honorifique. C'était au propriétaire, non à la douairière à jouir de ces droits.

Mais le droit de jouissance de la douairière ne va pas sans obligations, obligations qui d'ailleurs sont celles auxquelles sont soumis tous les usufruitiers en général.

Ainsi la douairière est obligée de jouir en bon père de famille des héritages soumis à son douaire, c'est-à-dire de ne faire aucune dégradation, de n'en pas changer la forme et de ne pas les convertir à d'autres usages que ceux auxquels ils étaient destinés. Ce sont bien là les obligations qui résultent de la définition de l'usufruit donnée par Justinien : *Jus alienis rebus utendi, fruendi, salva rerum substantia*.

La douairière doit de plus fournir caution de jouir en bon père de famille. Quelques coutumes se contentent de sa caution juratoire, n'exigeant pas qu'elle donne un fidéjusseur, au moins tant qu'elle ne se remarie pas. De ce nombre sont la coutume de Paris [1], celle de Calais, celle d'Orléans [2], mais sous certaines conditions.

La douairière doit en outre acquitter les charges fon-

---

1. Coutume de Paris, art. 264. Et au cas que la dite femme ne se remarie aura délivrance de son dit douaire à sa caution juratoire. Mais si elle convole en autre mariage, sera tenue bailler bonne et suffisante caution.

2. Coutume d'Orléans, art. 218..... pour d'icelle moitié jouir par la dite femme sa vie durant en acquittant les charges que doivent iceux héritages,

cières des héritages dont elle a l'usufruit. Mais elle est dispensée des devoirs féodaux [1]. Elle n'est pas en effet propriétaire du fief : c'est l'héritier nu-propriétaire qui devra la foi et l'hommage. C'était d'ailleurs logique, la douairière n'ayant pas la jouissance des droits honorifiques.

L'usufruit de la douaire a donc bien tous les caractères de l'usufruit ordinaire, et c'est pourquoi nous ne croyons pas utile d'insister davantage.

Arrivons au douaire préfix ou conventionnel, celui qui résulte de la stipulation des parties.

Il était assez fréquent, car il permettait aux époux de modifier le douaire légal. Ainsi les époux pouvaient convenir que le douaire légal serait d'une certaine quotité, plus élevée ou plus faible que la quotité légale, ou qu'il porterait sur tel corps certain, par exemple sur la jouissance de telle terre ou même sur la propriété de tel bien. Mais dans ce dernier cas, il fallait qu'on se fût expliqué clairement, car le douaire est de sa nature viager.

Quand il était dit que le douaire serait de telle somme une fois payée, devait-on décider que la femme aurait cette somme en toute propriété? Plusieurs coutumes étaient de cet avis, ainsi celle d'Auxerre, de Sens. Mais

durant le temps dudit douaire, à sa caution juratoire, après avoir affirmé n'en pouvoir bailler autre.....

1. Coutume de Paris, art. 40. La femme douairière n'est tenue faire la foi et hommage, ne payer aucun relief ni profit, mais est tenu l'héritier l'en acquitter et payer le profit s'il est dû de son chef.

pour celles qui ne s'étaient pas prononcées expressément, on décidait que la femme n'aurait que l'usufruit de la somme convenue.

Le douaire préfix servait aussi souvent à faire consister le droit de la femme en une rente : mais toujours à cause du principe que le douaire est de sa nature un droit viager, si les époux ne s'étaient pas expliqués, on considérait la rente seulement comme une rente viagère. Grâce à cette constitution de rente, l'héritier gardait tous les biens dans son patrimoine, mais devait servir à la femme une certaine somme d'argent. Qu'on ne dise pas que la douairière devait être moins bien protégée en étant crédirentière qu'en étant usufruitière. En effet le paiement de la rente constituée au profit de la femme était assuré par l'hypothèque légale introduite en France à la suite de la renaissance du droit romain. Cette hypothèque grevait les immeubles du mari qui étaient passés dans le patrimoine de l'héritier et assurait le paiement de la rente à la femme.

Enfin par leur convention les époux pouvaient convenir que la femme n'aura aucun douaire, celui-ci constituant en effet un avantage pour la femme, elle est libre d'y renoncer.

Mais cette liberté laissée aux époux de régler le douaire à leur convenance pouvait-elle leur permettre de convenir d'un douaire plus élevé que le douaire coutumier ? Sur ce point il y a une grande divergence entre les coutumes. La plupart permettent aux époux de convenir tel douaire qu'il leur plaît, donc un douaire même plus élevé que le douaire coutumier, par exemple les coutumes de Paris, d'Orléans.

Dans d'autres, au contraire, il est défendu de convenir d'un douaire plus élevé que le coutumier. De ce nombre sont les coutumes du Maine, de Normandie, du Nivernais[1]. Quand donc deux époux se sont mariés sous l'empire de telles coutumes, si le douaire conventionnel est plus élevé que le douaire coutumier, l'héritier n'est tenu de délivrer le douaire que jusqu'à concurrence du coutumier. Mais si le défunt a des biens situés dans le ressort de différentes coutumes, n'ayant pas les mêmes règles sur le point qui nous occupe, qu'arrivera-t-il? Le douaire étant soumis au statut réel, c'est-à-dire à la coutume du lieu où sont situés les héritages qui y sont soumis, il faudra appliquer concurremment les différentes coutumes. Le douaire ne sera pas réduit dans celles qui permettent de dépasser le douaire coutumier, il le sera dans les autres[2].

A l'inverse de la question que nous venons d'examiner

1. Guy Coquille, question CXLVIII rapporte ceci : « La coutume dit que le douaire préfix ne peut être fait plus grand que le coutumier, et que les parties ne peuvent déroger à cette coutume. Et à bonne raison pour ce que cela regarde les bonnes mœurs et honnêteté des mariages, afin que par un trop grand douaire le mari ne diminue pas trop ses biens au préjudice de tous ceux qui auraient à traiter avec lui. »

La coutume de Bourgogne contenait une disposition analogue et Dumoulin qui commentait sa première rédaction ajoutait : *nec possunt pacta, etiam dotalia futuri matrimonii, huic consuetudini derogare, ergo nec donationem majorem facere ; alias fieret fraus de contractu ad contractum ; sed codicilli non prohibentur per ultimam voluntatem.*

2. Froland, *Mémoire sur la qualité des statuts*, tome I, ch. IX, n° 7, rap-

si le douaire conventionnel a été stipulé inférieur au douaire coutumier, la femme peut-elle à la mort de son mari renoncer au douaire conventionnel pour prendre le douaire coutumier ?

La coutume de Paris [1] refuse énergiquement cette option à la femme et la plupart des coutumes sont du même avis. Cela est d'ailleurs logique, car si les époux ont convenu d'un douaire préfix, c'était évidemment pour écarter le douaire coutumier.

Cependant certaines autres coutumes permettent à la femme le choix : ainsi celles de Troyes, Meaux, Reims, Grand Perche, à la condition cependant qu'elle n'ait pas renoncé dans son contrat de mariage au douaire coutumier.

Toutefois, malgré cette latitude laissée à la femme de pouvoir opter, ces coutumes ont fixé un délai dans lequel cette option devra être exercée, délai qui varie de un mois à trois mois [2]. Ce délai est fatal : si donc la femme le

porte deux arrêts solennels sur cette matière : l'un du 30 décembre 1693 rendu en la grande Chambre du Parlement de Paris ; l'autre du 23 janvier 1703.

1. Coutume de Paris, art. 261 : Femme douée du douaire préfix ne peut demander douaire coutumier, s'il ne lui est permis par son traité de mariage.

Voir aussi Loysel, *op. cit.*, livre I, titre III, art. 12 : Femme qui prend le douaire convéniancé se prive du coutumier.

2 Coutume de Sedan, un mois.

Coutumes de Laon et de Châlons, trois mois pour femmes nobles, quarante jours pour roturières.

Coutumes d'Amiens et du Grand Perche, quarante jours.

Coutumes de Reims, quarante jours, art. 224 : Le douaire préfix fait cesser le coutumier, n'était qu'il eût été réservé à la femme pour l'assignation du douaire préfix de pouvoir choisir le coutumier, auquel cas elle pourra dedans laisse passer sans exercer son choix, elle est forcée de se contenter du douaire conventionnel.

Il nous reste pour en finir avec cette section à examiner une dernière question. La femme peut-elle avoir à la fois son douaire et un don venant de son mari ?

Ici encore les coutumes ne sont pas toutes du même avis.

Certaines y sont complètement opposées, Anjou [1], Bretagne [2] et il n'y aurait rien d'étonnant à ce qu'il y ait là une application un peu lointaine de l'édit de *alterutro* du droit romain. Cet édit empêchait la femme d'agir en restitution de sa dot et de réclamer en même temps le legs consenti par son mari à son profit. C'est la même idée que nous retrouvons ici ; aussi ce doit être à cause de l'influence de cet édit que certaines coutumes voulaient que la femme optât entre son douaire et une donation venant de son mari.

Mais la plupart des autres n'exigent pas cette option et permettent le cumul. La coutume de Paris a bien une disposition qui pourrait faire croire le contraire ; il y est dit en effet que les enfants ne peuvent être à la fois

quarante jours après le trépas de son mari prendre et opter lequel il lui plaira, et les quarante jours passés, elle sera tenue prendre le douaire préfix.

1. Coutume d'Anjou, art. 310 : Femme de noble ou de coutumier ne peut avoir don et douaire sur les héritages et immeubles de son mari.....

2. Coutume de Bretagne, art. 208 : Et au cas qu'il y aurait donation du tiers par l'héritage, ou de l'usufruit de la moitié du tout, ne se pourront donner les meubles à celui auquel aura été faite la donation des dits tiers et moitié, soit en faveur de mariage ou autrement, si ce n'était par donation mutuelle desdits meubles que le donateur aura lors de son décès.

douairiers et donataires ; mais cette disposition toute spéciale aux enfants ne doit pas être étendue à la femme.

Ainsi, pour nous résumer, la femme peut avoir soit le douaire coutumier, soit un douaire conventionnel, fixé par les époux eux-mêmes, et dans presque toutes les coutumes, ce dernier quand il est stipulé exclut le coutumier.

Nous avons dit, précédemment, en parlant du douaire que les époux faisaient consister en une rente, que l'on avait accordé à la femme le secours de l'hypothèque. Il nous faut, pour être complet sur ce point, indiquer les moyens dont elle disposait pour se faire mettre en possession des biens soumis à son douaire.

Tout d'abord, la femme jouissait en cas de douaire légal de l'action en partage qui lui permettait de sortir de l'indivision où elle se trouvait avec l'héritier de son mari. Pour cela il faut former une masse des biens de celui-ci. C'était à la douairière qu'incombait ce soin ; elle avait en effet une plus grande connaissance que l'héritier du mari du revenu des héritages ; d'un autre côté l'héritier n'avait pas à craindre qu'elle fît des parts inégales, car il choisit la part qu'il veut. C'est ce que Loysel exprime sous cette forme : « La douairière lotit et l'héritier choisit [1]. » Dans un seul cas, si elle est mineure, la douairière peut demander que ce soient des arbitres qui fassent les lots [2].

1. Loysel, *op. cit.*, livre I, titre III, art. 22.
2. Dumoulin sur l'art. 50 de la coutume de Châlons s'exprime ainsi : *Fallit si vidua est minor vigenti quinque annis ; quia ipsa potest supplicare judici ut fiat per arbitrum ; vel etiam contra eam supplicari potest, ne restituatur in integrum.*

La douairière peut de plus user de l'action *confessoria servitutis ususfructus*, action réelle par laquelle elle revendiquera le droit d'usufruit qui lui a été acquis par l'ouverture du douaire. Elle pourra l'exercer aussi bien contre l'héritier du mari que contre tout tiers détenteur, toute action réelle entraînant droit de suite.

D'ailleurs, si le douaire s'est ouvert dans une coutume saisissant la femme de plein droit, elle pourra d'elle-même se mettre en possession.

Si maintenant nous passons au douaire conventionnel, s'il consiste en une certaine portion de biens en usufruit, la femme va avoir droit à l'action en partage et à l'action réelle *confessoria ususfructus*. S'il consiste au contraire en l'usufruit d'un héritage certain, elle ne pourra plus exercer que la deuxième action. Si enfin il consiste en une rente, en une somme d'argent, la femme sera protégée par une action personnelle contre l'héritier, et aussi par une action hypothécaire qui lui donne le droit de suite. Celle-ci d'ailleurs s'appliqua aussi bien au douaire conventionnel qu'au douaire légal, mais elle naissait dans le premier cas du jour du contrat de mariage, dans le second, seulement du jour de la célébration.

SECTION III

QUOTITÉ ET ASSIETTE DU DOUAIRE

Le douaire, avons-nous vu, est un droit d'usufruit sur certains biens du mari ; mais ce droit est plus ou moins étendu, porte sur plus ou moins d'immeubles, suivant les coutumes.

D'après la coutume de Paris, le douaire portait en usufruit sur la moitié des biens du mari. La moitié, telle était la quotité qui constituait à peu près le droit commun. D'ailleurs nous avons vu qu'au xiiie siècle c'était déjà cette quotité de moitié qui avait triomphé dans la coutume de Paris, grâce à Philippe-Auguste. Mais tandis qu'à cette époque cette quotité constituait l'exception, au xvie siècle elle était adoptée presque partout.

Cependant les coutumes de l'Ouest, Normandie, Bretagne, Anjou, avaient gardé l'ancienne quotité du tiers, probablement par souvenir d'une ordonnance rendue peu après celle de Philippe-Auguste en 1214, par Jean Sans Terre, roi d'Angleterre, qui avait exercé au xiiie siècle son autorité sur ces régions.

Quelques coutumes enfin distinguaient suivant la qualité des personnes. Ainsi la coutume de Tours fixait la quotité au tiers pour les nobles, et à la moitié pour les roturiers.

Un cas particulier pouvait se présenter dans la coutume de Paris qui admettait le douaire des enfants.

Ceux-ci avaient droit à la propriété des biens dont la femme avait l'usufruit à titre de douaire. Si donc la femme meurt la première, les enfants vont avoir droit au douaire à la mort de leur père, donc à la moitié de ses biens. Si celui-ci se remarie, comment va-t-on fixer le douaire de la deuxième femme ? La quotité sera toujours

de la moitié, mais moitié de quels biens ? On décidait dans
ce cas que la deuxième aurait son douaire sur les biens
restant au mari, déduction faite des biens grevés du premier douaire.

Si le mari prend dans la suite une troisième femme et
laisse des enfants de sa seconde, on appliquera le même
principe. C'est une application de la règle douaire sur
douaire n'a lieu [1], règle qui se retrouve dans l'article 253
de la coutume de Paris [2].

Mais si les coutumes diffèrent sur la quotité du douaire,
elles ne diffèrent pas moins sur son assiette. Elles le font
bien toutes porter, en principe du moins, sur les immeubles du mari [3] ; mais elles s'écartent les unes des autres
quand il s'agit de savoir sur lesquels. Examinons d'abord
la coutume de Paris qui faisait en quelque sorte le droit
commun. Son article 248 s'exprime ainsi : « Douaire coutumier est de la moitié des héritages que le mari tient et
possède au jour des épousailles et bénédiction nuptiale, et
de la moitié des héritages qui depuis la consommation du

---

1. Loysel, *op. cit.*, livre I, titre III, art. 33.

2. Coutume de Paris, art. 253 : Quand le père a été marié plusieurs fois, le
douaire coutumier des enfants du premier lit est la moitié des immeubles
qu'il avait lors du premier mariage et qui lui sont advenus pendant icelui
mariage en ligne directe. Et le douaire coutumier des enfants du deuxième lit
est du quart des dits immeubles ensemble.....

3. Les meubles étaient exclus par application de la vieille maxime : *res mo-
bilis, res vilis*. En outre grâce aux progrès de la communauté, ils devaient
faire partie de son actif, et la femme allait avoir des droits sur eux comme
commune. Il était dès lors logique de faire porter le douaire seulement sur
les immeubles qui étaient les propres du mari.

dit mariage et pendant icelui échéent et adviennent en ligne directe audit mari. »

Ainsi cette coutume faisait porter le douaire, d'abord sur les héritages appartenant au mari au jour de son mariage, et ce terme héritage signifie, au dire de Pothier, tout ce qui est immeuble, donc non seulement les immeubles réels, comme les fonds de terre, mais aussi ce qui est réputé immeuble, comme les rentes constituées et les offices. Le droit de la femme portait en outre sur les héritages advenus au mari pendant le mariage par succession en ligne directe, et la ligne directe ici ne s'entend que de la ligne ascendante, non descendante, sens qu'on lui donnait déjà au xiiie siècle. Si la coutume de Paris s'en tient aux biens venant de la ligne directe, sans vouloir assujettir au douaire ceux venant de la ligne collétarale, c'est que le mari est censé avoir dès le moment du mariage une espèce de droit sur ces biens qui lui sont en quelque sorte dus.

L'article 218 de la coutume d'Orléans[1] contenait une disposition semblable.

Mais que signifient ces mots que l'on trouve dans la coutume de Paris, comme dans celle d'Orléans, d'ailleurs, « depuis la consommation du mariage et pendant icelui ».

1. Coutume d'Orléans, art. 218. Quand aucune femme soit noble ou non noble est conjointe par mariage, et par le traité n'y a aucun douaire préfix, la dite femme par la coutume est douée de la moitié de tous les héritages que le mari avait lors de la consommation dudit mariage, et de ceux qui lui adviennent de père et de mère, ayeul ou ayeule ; ou autres ascendants.....

Ces mots ne veulent nullement dire que la femme ne peut prétendre à son douaire que quand le mariage a été consommé ; ils sont au contraire l'équivalent de ceux-ci : depuis la célébration du mariage.

Quant aux mots « et pendant icelui » ils signifient que le douaire ne peut porter que sur les biens advenus au mari pendant le mariage. Si donc le mari est mort avant d'avoir recueilli l'héritage de son père, sa femme ne pourra aucunement prétendre faire porter son douaire sur celui-ci.

Toutefois telle n'était pas la règle dans toutes les coutumes, et Loysel nous cite des coutumes comme celles de Normandie, du Poitou, de l'Anjou, où il est dit que si le mari décède avant d'avoir recueilli l'héritage de ses ascendants, sa femme aura quand même le droit de faire porter son douaire sur cet héritage, à la condition toutefois que les ascendants aient été présents au mariage et y aient consenti ; on suppose que par leur présence ils ont implicitement consenti à voir le douaire de la femme porter sur leurs biens après leur mort[1].

Nous connaissons maintenant les biens soumis au douaire dans la coutume de Paris. Les termes de cette coutume avaient passé dans la plupart des autres ; aussi pouvons-nous dire que le droit de Paris constituait le droit commun.

---

1. Loysel, *op. cit.*, livre I, titre III, art. 3 : Que si le mari n'était de rien saisi et que son père ou aïeul qui tenaient la terre y furent présents ou consentants, la femme aura tel douaire sur tous leurs biens, après leur mort, que si son mari les eut survécu.

Toutefois, il y avait des coutumes dissidentes qui avaient admis d'autres solutions. Ainsi la coutume de Sedan faisait porter le douaire même sur les héritages advenus au mari en ligne descendante. D'autres le faisaient porter sur tous les immeubles que le mari laissait au jour de sa mort, quelle qu'en fut la provenance, en en exceptant toutefois les conquêts : ainsi les coutumes du Berry, du Bourbonnais.

Ceci nous amène à traiter cette question : Les conquêts de communauté sont-ils soumis au douaire de la femme ?

Les conquêts, ce sont, nous dit Pothier, tous les acquêts faits durant la Communauté par l'un ou par l'autre des conjoints.

Ainsi la notion de conquêt était très large puisqu'elle comprenait, tout ce qui avait été acquis par les époux à titre onéreux ou gratuit. Il y avait toutefois exception pour les biens advenus par succession ; ils formaient des propres pour les époux qui les avait reçus [1].

La femme dans les pays coutumiers étant commune en biens avec son mari a droit à la moitié de ces conquêts.

A la mort de son mari, elle prend à ce titre la pleine propriété de cette moitié de conquêts et en outre comme douairière elle a droit à la moitié en usufruit des propres de son mari. Avoir son douaire sur les conquêts ne lui

---

1. De nos jours la notion de conquêt est beaucoup moins large ; ne comprend plus que ce qui a été acquis à titre onéreux. Les biens donnés ou légués forment des propres, art. 1405 C. c.

servirait donc de rien puisqu'elle a déjà d'autres droits sur eux. C'est bien cette raison que donnait la coutume du Bourbonnais [1].

Mais si la Communauté est mauvaise la femme va y renoncer et elle pourrait dès lors trouver avantage à voir les conquêts soumis à son douaire, car celui-ci se trouverait augmenté. Malgré cela toutes les coutumes se sont toujours refusées à faire porter le douaire sur les conquêts.

La femme ne peut changer le droit qu'elle avait sur eux. Elle avait un droit de communauté ; elle ne peut, parce que cela lui plaît, le changer en un droit de douaire.

Toutefois, quand les époux purent régler le sort de leurs biens à leur guise, grâce à l'apparition des différentes clauses de la communauté conventionnelle, s'ils avaient stipulé l'exclusion de communauté, comme à aucun moment la femme n'aura eu sur les conquêts un droit de communauté, je crois qu'on aurait pu, à bon droit, stipuler que le douaire porterait sur eux.

Voici d'ailleurs le commentaire dont Dumoulin faisait suivre la coutume du Bourbonnais : *Secus ergo si non est communis ; quod est verum si non est communis ab initio quo derogatur societati ; secus si non est communis quia renuntiat ; non enim doarium augetur quia semel ab initio limitatum fuit*

---

1. Coutume du Bourbonnais, article 250 : Le douaire coutumier de la femme consiste en l'usufruit de la moitié des propres du mari et non des conquêts de communauté, attendu qu'elle prend la moitié desdits conquêts en pleine propriété comme commune.

Mais reste la moitié de conquêts formant la part du mari ; le douaire de la femme ne portera nécessairement pas sur eux ; ceux-ci en effet ne sont pas des propres du mari, or le douaire ne porte que sur les propres. Ce qui le prouve, c'est que dans le douaire subsidiaire que nous allons rencontrer de suite et qui n'est accordé que par quelques rares coutumes, si on le fait porter sur la part de conquêts du mari c'est uniquement quand il n'y a pas de propres et à titre exceptionnel. Ce serait d'ailleurs accorder à la femme un droit exorbitant que lui permettre de prendre son douaire sur les propres et les conquêts du mari, car avec la moitié de conquêts à laquelle elle a droit en toute propriété, elle absorberait presque tous les biens de la communauté et ceux de son mari.

Il ressort donc de tout ce que nous venons de dire que c'est seulement sur les immeubles du mari que porte le douaire.

Mais il y avait des coutumes qui s'étaient montrées plus larges et qui pour le cas où le mari n'avait pas d'immeumeubles permettaient de faire porter le douaire sur les conquêts et même quelquefois sur les meubles. Un tel douaire portait le nom de subsidiaire parce qu'il n'avait lieu que si le mari ne possédait pas les héritages soumis de droit commun au douaire.

C'est principalement dans la coutume d'Orléans que l'on a connu le douaire subsidiaire : mais on le trouvait dans quelques autres coutumes, comme celle du Bourbonnais, celle de Trembevif ; mais c'est la coutume d'Orléans qui avait les règles les plus nettes et les plus complètes sur ce point.

Son article 221 s'exprime ainsi : « En traité de mariage auquel il n'y a convention de douaire et le mari n'a aucuns propres héritages, la femme aura pour son douaire le quart des conquêts de la portion des héritiers du décédé en usufruit, en payant les charges, et s'il n'y a conquêts aura la quarte partie des meubles de la portion des héritiers du trépassé, à perpétuité, les dettes détruites. »

Ainsi le douaire subsidiaire ne se donne, comme d'ailleurs son nom l'indique, que quand le mari n'a pas d'immeubles propres et qu'il n'y a pas de douaire préfix.

Si le mari a bien un héritage propre, mais d'une valeur infime, y aura-t-il lieu quand même au douaire subsidiaire. Il faut dire oui avec Pothier [1] qui est spécialement compétent sur ce point, car il s'est occupé du droit de la coutume d'Orléans. Une chose extrêmement petite peut être en effet considérée comme rien, *parum pro nihilo reputatur.*

Pothier résout une autre question qui est de savoir si le douaire subsidiaire aura lieu si le défunt, sans laisser d'immeubles propres dans la coutume d'Orléans, en laisse dans d'autres. Il décide que non, et avec raison, car la coutume d'Orléans dans son article 221, comme nous l'avons vu, ne donne de douaire subsidiaire que si le mari n'a aucun immeuble propre ; or, dans notre hypothèse, il n'en a pas dans le ressort de la coutume d'Orléans

---

1. Pothier, *Traité du douaire.*

c'est vrai, mais il en a dans d'autres, or peu importe la situation des immeubles pourvu qu'il y en ait.

Dans le cas où le douaire subsidiaire a lieu, il porte d'abord sur le quart de la partie des conquêts qui revenait aux héritiers du mari. La femme avait déjà une moitié des conquêts comme commune, elle aura le quart de l'autre moitié, c'est-à-dire un huitième, comme douairière. D'ailleurs l'expression conquêt, qu'emploie la coutume d'Orléans, doit être prise dans un sens fort large ; elle comprend d'abord bien entendu, ce que les époux ont acquis à titre onéreux ou gratuit, sauf en vertu de succession, durant le mariage, quand il y a communauté entre eux ; mais aussi ces mêmes biens en cas d'exclusion de communauté, ou quand une séparation de biens est intervenue au cours du mariage.

Il est possible qu'il n'y ait aucun conquêt dans la succession du mari. Le douaire portera alors sur les meubles de celui-ci : « Et s'il n'y a conquêts, aura la quarte partie des meubles de la portion des héritages du trépassé, à perpétuité, les dettes déduites », dit la coutume d'Orléans.

Ici encore la quotité est la même que pour les conquêts : la femme aura droit au quart de la moitié des meubles attribués aux héritiers du mari, c'est-à-dire au huitième de la totalité des meubles.

Quant aux mots « à perpétuité » ils signifient en toute propriété ; mais toutefois la femme devra payer les dettes de la succession, car dans notre ancien droit, c'étaient les meubles qui en étaient grevés.

Le douaire subsidiaire était donc un grand avantage pour la femme, mais c'était aussi une grosse charge pour les héritiers du mari, car leur droit dans la succession était diminué d'autant; aussi comprend-on que peu de coutumes en aient fait bénéficier la femme.

SECTION IV

EXTINCTION DU DOUAIRE

Nous avons vu jusqu'ici comment s'ouvre le douaire, quelle est sa nature, sa quotité, son assiette. Il nous reste maintenant à connaître de quelle façon il s'éteint et pour quelles causes. Ces causes vont être de deux sortes : les unes sont toutes celles qui éteignent un usufruit quelconque, car le douaire est un droit d'usufruit, et ici nous serons très brefs, toutes les règles que nous allons donner étant communes à toutes les institutions fondées sur un droit d'usufruit ; les autres auxquelles nous nous arrêterons davantage sont spéciales au douaire et se présentent sous forme de condamnation, de déchéance pour la femme.

Tout d'abord le douaire étant un droit d'usufruit s'éteint par toutes les causes qui mettent fin à l'usufruit en général ; ce sont principalement la mort naturelle de la douairière et même sa mort civile, règle qui se retrouve encore dans l'article 617 de notre Code civil ; la remise de son douaire qu'elle fait à l'héritier nu-propriétaire ; le non usage de trente ans à moins de juste titre et bonne foi ; la résolution du droit que le mari avait sur l'héritage à la condition toutefois que cette résolution ait lieu *ex causa antiqua et necessaria*. C'est une application de la règle que l'on ne peut transférer aux autres plus de droits qu'on n'en a soi-même : *resoluto jure dantis, resolvitur jus accipientis*.

Citons encore dans le même ordre d'idées la consolidation quand la femme a acquis la nue propriété de l'héritage sur lequel portait son usufruit, et la disparition totale de la chose chargée d'usufruit.

Toutes ces causes d'extinction, étant celles du droit commun, nous n'insisterons pas davantage.

Au contraire nous allons examiner maintenant, et avec plus de détails, celles qui sont spéciales au douaire et ne mettent pas fin aux autres usufruits.

Ce sont des causes qui font subir à la femme une sorte de déchéance, la privant de son douaire afin de lui infliger une punition.

La cause principale est l'adultère[1] de la femme, à la condition toutefois que le mari ait obtenu un jugement de condamnation contre elle. Si le mari ne s'est pas plaint de son vivant de l'inconduite de sa femme, et ne l'a pas accusée d'adultère, ses héritiers ne pourront après son décès reprendre l'accusation. Loysel dans ses *Institutes*

---

1. Coutume de Tours, article 336 : Femme noble ou roturière qui forfait en son mariage perd son douaire s'il y a eu plainte faite par le mari en justice, autrement ne pourra l'héritier faire querelle après la mort du mari.

Coutumières, livre I, titre III, art. 39, nous dit à ce sujet :
« Femme qui forfait en son honneur perd son douaire s'il
y en a eu plainte par le mari, autrement l'héritier n'est
recevable d'en faire querelle. »

Si le mari, une fois la condamnation contre la femme
prononcée, a reçu quand même celle-ci chez lui et l'a
gardée jusqu'à sa mort, elle aura droit à son douaire car
l'attitude de son mari fait supposer qu'il a voulu faire
remise de la peine.

Si la femme, sans être convaincue d'adultère, a abandonné son mari [1] elle est quand même privée de son
douaire. Mais il faut pour cela qu'elle soit partie contre le
gré de son mari. Faut-il, en outre, que celui-ci lui ait fait
une sommation juridique de revenir, à laquelle elle n'ait
pas déféré ? Non, au dire de Lamoignon, ce n'est pas nécessaire. Nous lisons en effet dans son quarante-septième
arrêt sur le douaire : « La femme qui a quitté et abandonné son mari et n'était avec lui lors de son décès
demeurera déchue de plein droit de son douaire, encore
que le mari n'eut fait aucune plainte de son absence, si ce
n'est qu'elle l'ait abandonné pour cause raisonnable, dont
elle ait rendu sa plainte en justice. »

---

1. Coutume de Bretagne, art. 451 : Femme qui laisse volontairement son
mari et s'en va avec un autre et n'est avec son mari au temps de la mort, et
aussi si elle le laisse et ne fait son devoir de le garder, et elle le peut faire
au cas que le mari ne la refuserait, jaçoit qu'elle s'en aille avec un autre,
elle ne doit être endouairée.

Voir aussi coutume de Normandie, art. 361, qui contient une disposition
semblable.

Pothier, dans son *Traité du douaire*, semble être d'un avis opposé et trouver la sommation nécessaire ; mais Lamoignon est bien formel, et nous nous rangeons à son avis, trouvant suffisant que la femme abandonne son mari, sans exiger en plus une sommation de sa part.

Si la femme après la mort de son mari, et surtout dans l'année de deuil se livre à la débauche, perd-elle pour cela son douaire ? D'après les arrêts que nous possédons sur ce point, il ressort bien que oui, et l'héritier du mari doit être admis à prouver l'"inconduite [1].

Renusson [2] dit à ce sujet que la femme ne doit pas abandonner son mari si tôt qu'il est décédé et doit se comporter honnêtement et chastement.

Il cite à cet effet un arrêt du 15 avril 1571 privant de son douaire une femme qui avait vécu dans le dérèglement après le décès de son mari et avait été convaincue de fornication dans l'an de deuil. Il rapporte encore un arrêt du 7 janvier 1648 sur le même point.

Dans la coutume de Bretagne figure une cause de privation du douaire qui ne se retrouve pas dans les autres coutumes. Elle est formulée par l'art. 454 : « Femme veuve qui se remarie à domestique ordinaire perd son douaire. »

---

1. Guy Coquille, question 147... Et quant à la femme qui s'est abandonnée impudiquement dedans l'an de deuil, je crois qu'elle peut être accusée par l'héritier pour lui faire perdre son douaire...

Lamoignon, arrêt 50 sur le douaire, titre 34, dit la même chose. La veuve convaincue de supposition de part ou d'avoir vécu impudiquement durant l'année de son deuil sera privée de son douaire.

2. De Renusson, *Traité du douaire*, chap. XII, n°s 17 et 18.

Dans les autres coutumes, comme il n'y a pas de disposition spéciale sur ce point, la femme qui épouse un domestique, ou plus généralement une personne indigne n'était que soumise aux peines édictées par l'Ordonnance de Blois rendue par Henri III en 1579, article 182 [1], c'est-à-dire qu'elle était mise en état d'interdiction et que tous les avantages faits par elle pour diminuer ses biens étaient annulés.

Une autre cause de privation du douaire est le crime de supposition de part. Rénusson [2] cite à ce sujet un arrêt, rendu le 6 juin 1636, déboutant une femme de sa demande en délivrance de son douaire, parce qu'elle était convaincue de supposition de part.

Si la douairière n'use pas de l'héritage dont elle a la

1. Ordonnance de Blois, (*Recueil des anciennes lois françaises*, par Isambert, tome 14,) art. 182 : « Et d'autant que plusieurs femmes veuves, même ayant enfants d'autres mariages, se remarient follement à personnes indignes de leur qualité, et qui pis est, les aucunes à leurs valets. Nous avons déclaré et déclarons tous dons et avantages, que par les dites veuves ayant enfants de leurs premiers mariages, seront faits à telles personnes sous couleur de donation, vendition, association à leur communauté, ou autre quelconque, nuls, de nul effet ou valeur, et icelles femmes, lors de la convention de tels mariages, avons mis et mettons en l'interdiction de leurs biens, leur défendant les vendre ou autrement aliéner en quelque sorte que ce soit, et à toutes personnes d'en acheter ou faire avec elles autres contrats par lesquels leurs biens puissent être diminués, déclarons les dits contrats nuls et de nul effet et valeur. »

Voir aussi Lamoignon, arrêt 53 sur le douaire, titre 34 : Celles qui se remarient follement à des personnes indignes de leur qualité, demeurent déchues de plein droit de leur douaire ; et si elles ont des enfants, elles seront en outre interdites de l'aliénation et administration de leurs biens.

2. De Renusson, *Traité du douaire*, chap. XII, n° 11.

jouissance de la façon convenue, si elle en « mésuse »,
quelques coutumes lui retirent son douaire, soit sur tous
les héritages, soit seulement sur ceux dont elle a mésusé.

Quant aux coutumes qui ne se sont pas exprimées sur
ce point, on décidait, en général, que la femme ne pourrait plus jouir par elle-même, mais seulement par l'intermédiaire de l'héritier, à la charge pour celui-ci de rendre
compte à la douairière. C'était la solution adoptée par la
coutume de Bretagne [1].

Il reste un cas à examiner pour en avoir fini avec cette
matière de la privation du douaire. La femme veuve perd-
elle son douaire si elle se remarie, ou peut-elle cumuler le
douaire qui lui vient de son premier mari et celui
qu'elle aura de son second si elle devient veuve une
deuxième fois ?

Pothier se prononce nettement dans cette question. Il
estime que le deuxième mariage ne fait nullement perdre
son douaire à la femme. Mais cela est-il bien juste, bien
conforme à l'équité ? Il va arriver ainsi qu'une femme
veuve, grâce au douaire qu'elle emportera sur les biens de
son défunt mari, pourra en quelque sorte acheter un
deuxième mari par la jouissance qu'elle lui communiquera
de son douaire.

---

1. Coutume de Bretagne, art. 468 : « Et si elle est endouairée et on lui ait
baillé terres, maisons ou bois qui portent fruits... si elle les laisse dépérir
par quoi l'héritage soit moins valant, elle sera dessaisie du douaire et sera
regardé le dommage qu'elle aura fait. Et d'autant comme le dommage sera
estimé, le revenu du dit douaire sera diminué et ce qui en devra demeurer
à la douairière lui sera baillé par la main de l'héritier principal.

Et ne sera-ce pas le plus souvent au préjudice des enfants du premier lit? C'est évident; aussi prit-on l'habitude de convenir, au moment de la constitution du douaire, que, s'il y avait des enfants, la femme en se remariant ne pourrait garder tout le douaire, dont une partie se trouverait appartenir en toute propriété aux enfants.

Mais ceci n'était que l'effet de la convention. De plein droit, le second mariage n'était aucunement une cause de privation du douaire pour la femme. Loysel le dit aussi clairement que Pothier, dans l'article 40 du livre I, titre III de ses *Institutes coutumières :* « Femme se remariant ne doit perdre son douaire, mais est tenue en bailler bonne et suffisante caution. » Il ne mettait donc qu'une condition pour que la femme pût garder son douaire ; c'était qu'elle donnât une bonne et suffisante caution.

Cela fait allusion à cette règle de la coutume de Paris suivant laquelle le douaire était alloué à la femme tant qu'elle ne se remariait pas sur sa seule caution juratoire.

A Rome il y avait des peines édictées contre les veuves qui se remariaient trop tôt après la mort de leur mari. Elles devaient attendre dix mois au moins, c'étaient les dix mois de viduité.

En France, au contraire, les veuves pouvaient se remarier aussitôt qu'elles voulaient, ce qui pouvait d'ailleurs donner lieu à des contestations en cas de naissance d'enfants. C'était dû, au dire de Renusson, à l'influence du droit canon et des décrets des Papes : *Intra tempus luctus, mulier potest nubere sine infamia.*

Cependant, si en droit la femme avait cette permission de se remarier de suite, dans la pratique elle en usait peu dans la crainte d'encourir le blâme. Quelquefois même la femme pouvait se trouver punie si sa précipitation à se remarier était due à une cause peu honnête [1].

Il est une hypothèse qu'il nous faut mentionner quoiqu'elle s'occupe plutôt de la privation du douaire que de son extinction. Est-ce que la femme qui n'a pas apporté de dot a droit quand même à son douaire ?

L'affirmative n'est pas douteuse ; il n'y a aucun rapport entre la dot et le douaire, à la différence de ce qui avait lieu à Rome pour la dot et la donation à cause de noces. La coutume de Blois dans son article 190 le dit formellement : « Le douaire est dû posé que la femme n'ait rien porté avec son mari. »

Dumoulin ajoutait cette note : *nisi promiserit et fefellerit*. Mais il paraît quoiqu'en dise cet auteur, qu'on ne s'inquiétait pas de savoir s'il y avait eu promesse de dot ou non, et que la femme avait toujours droit à son douaire [2].

---

1. De Rénusson, *Traité du douaire*, chap. XII, art. 15, cite à ce sujet un arrêt du 10 juin 1664. Il s'agissait d'une femme qui s'était remariée trois jours après la mort de son premier mari. Elle voulait faire passer un enfant né huit mois après comme étant l'enfant de son premier mari afin de jouir de l'héritage de celui-ci. Par suite de circonstances de fait, la Cour la débouta de sa demande et la priva de son douaire.

2. Guy Coquille nous dit que dans sa coutume du Nivernais il en était ainsi : « Or notre coutume pour le douaire n'a aucunement respecté la dot, ainsi les immeubles du mary ; et en attribuant la moitié des immeubles à la femme pour son douaire et faisant ce douaire héritage des enfants, elle a représenté

Nous connaissons maintenant tous les caractères du douaire et nous l'avons suivi dans toutes les phases de son développement. Droit d'usufruit sur une certaine quotité des biens propres du mari, le douaire constituait un avantage énorme pour la femme.

Mais ce n'était pas le seul et au cours des XVII° et XVIII° siècles, les femmes furent de plus en plus protégées. Aussi le douaire se trouva-t-il soumis à de nombreuses critiques à la fin de l'ancien régime, critiques qui devaient amener sa suppression. Mais avant d'aborder toutes les raisons qui ont amené cette suppression, il nous faut pour compléter notre historique, parler du douaire des enfants qui existait dans certaines coutumes.

l'excellence du sacrement et lien de mariage par lequel deux personnes sont faites comme une chair et un corps... (Question CXVI.) »

C'était aussi l'opinion de Lamoignon, arrêt 31 du titre 34 : La veuve aura son douaire et son augment de dot, encore qu'elle n'ait rien apporté en mariage, ou que la dot qui lui a été promise n'ait point été payée.

Voir sur la même question Giraud, *Précis de l'ancien droit coutumier français*, livre III, section IV-7°, page 118.

CHAPITRE III

DOUAIRE DES ENFANTS

Si toutes les coutumes accordent un douaire à la femme, toutes n'en accordent pas aux enfants.

Certaines seulement leur donnent à titre de douaire la propriété des biens sur lesquels porte le douaire de leur mère. Les enfants doivent donc laisser à celle-ci la jouissance complète de son douaire pendant toute sa vie et n'ont droit au leur qu'après sa mort.

Le douaire des enfants et celui de la femme portent donc sur les mêmes biens ; c'est en somme un seul et même douaire dont la femme a l'usufruit et les enfants la nue propriété. Il leur est utile en ce qu'il frappe d'une sorte d'inaliénabilité les biens qui y sont soumis et leur assure de retrouver ces biens dans la succession de leur père, ce qui pourrait ne pas arriver sans cela.

Le douaire des enfants était déjà connu au XIIIe siècle,

car nous voyons dans Beaumanoir[1] que s'il y a des enfants issus du mariage, ils emportent « la moitié dont lor
mère fut douée ». Et cet auteur ajoute : « Si li hons a
deus femmes et enfans de cascune, la tierce femme n'emporte que l'iutisme », ce qui montre bien que les enfants
de chaque lit avaient pour douaire le montant de celui de
leur mère.

Mais était-ce dans tous les cas que les enfants avaient
droit au douaire de leur mère, à la mort de celle-ci ?

Non, Beaumanoir distingue entre les héritages tenus en
fief et ceux qui sont tenus en vilenage. Les enfants n'ont
droit au douaire de leur mère que lorsqu'il porte sur ces
derniers. Nous lisons en effet chez cet auteur : « Che que
noz avons dit par plusors raisons que douaires n'ahirète
pas par la coustume de Biavoisis, nos l'entendons des héritages qui sont tenus en fief, car li héritage qui sont
tenu en vilenage se partissent selonc les douaires [2]...»

Mais si la mère meurt avant son mari, comme elle
n'aura pas eu son douaire, les enfants vont-ils être en
droit de réclamer de suite le leur ?

Évidemment non, ils n'y auront droit qu'à la mort de
leur père qui jusque-là en aura la jouissance. C'était déjà
l'avis de Beaumanoir : « Se uns hons, par nostre coustume a une feme de lequele il a enfans et le mère meurt,

1. Beaumanoir, *op. cit.*, chapitre XIII, n° 2. Le douaire des enfants a même
une origine plus ancienne, car dans certaines lois barbares, il est déjà dit que
la *dos ex marito* à laquelle a droit la femme devra à sa mort revenir à ses
enfants.

2. Beaumanoir, *op. cit.*, chap. XIII, n° 18.

li hons ne laiera pas por ses enfans, s'il li plest, à vendre son héritage, tout soit ce que le mere as enfans fust douée de la moitié ; car douaires, par notre coustume, n'ahirète pas enfans en manière que li pères n'en puisse fère se volonté de son héritage, puis le mort de se feme [1]. »

Nous allons retrouver ces mêmes règles ou à peu près dans les coutumes qui dans la suite ont accordé un douaire aux enfants.

Parmi celles-ci il y en a qui ne l'accordent qu'aux enfants nobles, comme celles d'Étampes, de Chartres.

Dans d'autres, et celle de Paris est de ce nombre, on ne fait aucune distinction entre les nobles et les roturiers.

D'après la coutume de Paris dont nous allons seulement nous occuper ici, car c'est la plus importante, les enfants avaient droit à titre de douaire à la nue propriété des biens composant le douaire de leur mère.

Nous allons suivre ici le même plan que pour le douaire de la femme, tout en nous montrant plus brefs, ce douaire étant moins important que celui de la femme.

L'obligation du douaire coutumier des enfants, comme de celui de la femme du reste, naît dès le jour de la célébration du mariage. De ce jour les biens devant composer ce douaire sont en quelque sorte immobilisés. Le père ne peut plus les aliéner ; mais le douaire n'est pas encore ouvert. Il ne le sera que du jour de sa mort, ce qui est logique, le douaire étant une espèce de gain de survie. Jusque-là les enfants n'y ont pas droit, et s'ils meurent

____

1. Beaumanoir, *op. cit.*, chap. XIII. n° 4.

avant leur père, ils n'auront pu léguer à leurs héritiers leur espérance au douaire.

La coutume de Paris, dans son art. 117, tire une conséquence de ce principe. C'est qu'en « matière de douaire la prescription commence à courir du jour du décès du mari seulement entre âgés et non privilégiés [1] ».

S'il s'agit du douaire conventionnel, car les deux espèces de douaire existent ici, l'obligation du douaire sera contractée du jour de la convention, mais l'ouverture n'aura jamais lieu que du jour de la mort du père.

Ici encore, comme pour le douaire de la femme, les enfants sont en principe saisis de plein droit, n'ont pas besoin de demander un envoi en possession [2].

Le douaire est dû aux seuls enfants nés du mariage contracté entre le père et la mère, et en vertu duquel leur mère était douairière [3]. Les enfants qu'un homme ou une femme aurait eu d'un autre mariage n'auraient aucunement droit au douaire. Mais l'enfant né du commerce d'un

---

1. Si donc le père a vendu un des héritages sujets au douaire, cette vente ne peut pas préjudicier aux enfants, car *contra non valentem non currit prescriptio*. Aussi après la mort de leur père les enfants pourront faire annuler la vente. S'ils n'ont pas le droit du vivant de celui-ci de s'opposer aux actes qu'il veut faire, il est juste de ne pas les laisser atteindre par des actes faits à l'encontre de leurs intérêts.

2. Coutume de Paris, art. 256 : Douaire soit coutumier ou préfix saisit sans qu'il soit besoin de le demander en jugement et courent les fruits et arrérages du jour du décès du mari.

3. Lamoignon, arrêt 56, chap. 34 : Le douaire qui est propre aux enfants par la coutume ou par la convention du contrat de mariage, appartient aux enfants issus du même mariage en faveur duquel a été constitué le douaire.

homme et d'une femme qui se sont ensuite mariés ensemble y aura droit.

L'article 249 de la coutume de Paris dit en effet : « Le douaire coutumier de la femme est le propre héritage des enfants venant dudit mariage... » L'art. 255 en dit autant pour le douaire préfix. La même règle s'applique aux enfants posthumes en raison de ce principe de droit : *is qui in utero est, pro jam nato habetur, quoties de commodo ejus agitur*.

Mais ce n'est pas la seule condition pour avoir droit au douaire d'être issu du mariage.

Les enfants doivent renoncer à leur qualité d'héritiers.

L'art. 251 de la coutume de Paris nous dit à ce sujet : « Nul ne peut être héritier et douairier ensemble pour le regard du douaire coutumier ou préfix[1]. » Dumoulin, commentant l'art. 178 de la coutume de Senlis qui avait une disposition analogue, ajoutait : *quia debet douarium conferre*.

Il faut en effet l'égalité entre tous les enfants et que les uns ne se trouvent pas plus avantagés que les autres, ce qui arriverait si un douaire avait été consenti à un seul des enfants. Celui qui en aurait été privé n'aurait en effet que sa part d'héritier, tandis que l'autre aurait en plus son douaire. Il n'y a que les avantages conférés par le droit d'aînesse qui doivent subsister et encore si tous les enfants ont renoncé à la qualité d'héritiers, s'ils viennent

---

1. Loysel, *op. cit.*, livre I, titre III, art. 30 : On ne peut être à la fois héritier et douairier.

tous comme douairiers, le droit d'aînesse tombe. C'est ce que nous voyons dans Loysel à l'art. 28 du livre I, titre III, de ses *Institutes coutumières* : « En douaire n'y a droit d'aînesse », qui ne fait que répéter l'article 250 *in fine* de la coutume de Paris : « Et se partit le douaire, soit préfix, ou coutumier, entre eux sans droit d'aînesse ou prérogatives [1]. »

Si un enfant a accepté la succession de son père seulement sous bénéfice d'inventaire, cela suffit-il à le priver de son douaire ?

Évidemment oui, car être héritier, même sous bénéfice d'inventaire, c'est être héritier ; le bénéfice d'inventaire ne sert que contre les créanciers de la succession, afin de n'être pas tenu des dettes *ultra vires hæreditatis*.

Nous trouvons dans cette matière du douaire des enfants une règle qui n'a pas été admise dans toutes les coutumes, c'est qu'on ne peut avoir à la fois don et douaire. Pour le douaire de la femme nous avons vu que la coutume de Paris ne s'y opposait nullement. Il en est autrement pour le douaire des enfants [2]. Ce douaire est

---

1. Toutefois quelques coutumes, comme celles de Valois, de Melun, ont conservé à l'aîné le droit d'aînesse dans le partage du douaire. Ainsi la coutume de Valois, art. 112 disait : « Le droit d'aînesse a lieu en douaire entre les enfants douairiers. » Et Dumoulin ajoutait : *Hoc speciale hie, sed in terminis consuetudinis Parisiensis habet antiquum arrestum* ; de Montmorency : *quod in capita dividitur, inter non hæredes patris ; quia capiunt jure contractus, non jure successionis.*

2. Coutume de Paris, art. 252. Celui qui veut avoir le douaire doit rendre et restituer ce qu'il a eu et reçu en mariage et autres avantages de son père, ou moins prendre sur le douaire.

en effet une sorte de légitime [1], de réserve qui leur est assurée sur les biens de leur père pour les mettre à l'abri des dissipations de celui-ci. Il est dès lors naturel que tout ce que le père donne à l'enfant s'impute sur le douaire.

Une fois celui-ci ouvert, les enfants se le partageront en faisant autant de parts qu'ils seront de têtes. Mais si un des enfants a pris la qualité d'héritier, et n'a plus par conséquent droit au douaire, sa part va-t-elle aller accroître celle des autres? Non, on comptera bien cet enfant, pour le partage du douaire, mais sa part qu'il ne prendra pas demeurera confondue dans la succession. La coutume de Paris n'a pas de disposition sur ce point, mais on en trouve dans d'autres coutumes, comme celles de Valois, de Senlis, et les règles de celles-ci doivent être étendues aux autres. D'ailleurs Lamoignon dit dans son soixante et unième arrêt sur le douaire : « L'enfant qui est héritier de son père, même par bénéfice d'inventaire, ne peut être douairier, et sa portion du douaire accroîtra à l'hérédité et

1. Il y a toutefois d'assez fortes différences entre la légitime et le douaire des enfants. Ainsi : la légitime est due par le père et la mère ; le douaire n'était dû que par le père. Tandis que la légitime ne saisit jamais, le douaire saisissait dans certaines coutumes. De plus la légitime ne peut être prise qu'une fois toutes les dettes de la succession déduites et n'est préféré qu'aux donations et legs. Le douaire des enfants au contraire dans la plupart des coutumes qui l'admettaient se prenait avant le paiement des dettes, tout au moins avant le paiement de celles postérieures au mariage. Enfin les parents ne peuvent retirer aux enfants leur légitime que pour une cause valable. Le père pouvait au contraire leur retirer leur douaire par une simple clause au contrat de mariage.

n'augmente point les portions des autres enfants qui s'en tiennent au douaire. »

Le douaire des enfants, pas plus que celui de la femme. n'est une donation, du moins dans les coutumes qui accordent un douaire à l'enfant : c'est une dette entrée dans le patrimoine du père par le seul effet de son mariage. Quant aux coutumes qui refusaient un douaire aux enfants, il en est autrement. S'il est stipulé que le douaire de la mère leur sera propre, il faut considérer cela comme une libéralité qui dès lors sera soumise à toutes les règles spéciales des donations.

Le douaire des enfants, avons-nous dit, porte sur la propriété des biens soumis à l'usufruit de la femme, c'est-à-dire, dans la coutume de Paris, sur la moitié des héritages que le mari avait lors du mariage et qui lui sont advenus depuis par succession, en ligne directe. On ne retrouve plus ici la distinction que faisait Beaumanoir. En un mot toutes les choses soumises au douaire de la femme le sont au douaire des enfants [1], et les règles que nous avons posées pour le douaire de la femme trouveront leur application ici.

Signalons pour finir un cas spécial. Supposons qu'un douaire conventionnel ait été stipulé au profit de la femme. Il a été dit qu'à la mort de son mari, elle prendrait telle ou telle chose. De quoi va se composer le

1. Coutume de Paris, art. 253 : Le douaire coutumier des enfants du premier lit est la moitié des immeubles qu'il avait lors du premier mariage et qui lui sont advenus pendant icelui mariage en ligne directe...

douaire des enfants? Il sera évidemment fixé par le choix de la mère, car il est de principe fondamental, dans la coutume de Paris tout au moins, que le douaire des enfants soit identique, quant à son étendue à celui de leur mère[1].

Ce douaire des enfants avait pour conséquence de rendre en quelque sorte inaliénables les biens sur lesquels il portait, ce dont profitait la mère.

En effet pour le douaire de la femme, qui était un droit d'usufruit, le mari était tenu de respecter les biens qui y étaient soumis, et s'il les avait aliénés d'en donner l'équivalent. Mais avec le douaire des enfants, c'est la propriété même des biens qui est frappée et le mari ne peut plus aliéner. C'était donc une très forte garantie pour le douaire des enfants, mais en même temps une très grosse charge pour le père.

1. Dans la coutume de Normandie on ne retrouve plus la même identité entre ces deux douaires.

CHAPITRE IV

Tout ce que nous avons dit jusqu'à présent se rapportait aux pays de coutumes. Mais est-ce à dire qu'en pays de droit écrit on ne connut pas le douaire ?

Si dans les provinces du Sud de la France, soumises à ce que l'on appelait le droit écrit, c'est-à-dire à un droit formé en grande partie du droit romain, existait une institution assez analogue au douaire des pays coutumiers, mais cette institution portait un autre nom, celui d'augment de dot [1]. Et même cette institution avait presque

---

1. Les pays de droit écrit connaissaient encore un autre gain de survie, la quarte du conjoint pauvre. Le conjoint survivant pauvre obtenait par là le quart des biens du prédécédé. C'était un legs du droit romain du Bas Empire.

Nous n'avons pas à en parler car c'était une institution réciproque à laquelle le mari avait droit aussi bien que sa femme.

Il en est de même du contre augment ; il ne rentre pas dans notre étude, car il était spécial au mari, auquel il permettait de prendre à titre de gain de survie une partie de la dot de sa femme.

L'origine de l'expression augment de dot est dans ce fait que la femme, à plus de raison d'être que le douaire des pays coutumiers, car ici grâce à la communauté, la femme était sûre, si celle-ci était bonne, de toucher moitié des biens communs. Au contraire dans le Midi, où l'on ignorait la communauté et où le régime dotal était seul en honneur, la femme se trouvait ne rien conserver des biens de son mari ni de ceux apportés par elle en dot; ses paraphernaux seuls lui restaient, mais elle pouvait n'en avoir que peu ou même pas du tout,

L'augment de dot était, pouvons-nous dire de suite, un gain nuptial que la femme prenait sur les biens de son mari prédécédé.

Il paraît donc au premier abord avoir assez d'analogie avec le douaire. Ainsi c'est un gain de survie au profit de la femme veuve, gain de survie portant sur l'usufruit de certains biens du mari, en en laissant la nue propriété aux enfants. Il est aussi, comme le douaire, acquis à la femme du jour de la célébration du mariage et il oblige le mari à ne pas disposer des biens sur lesquels il porte, ce qui frappe ceux-ci d'une sorte d'inaliénabilité.

Comme le douaire encore, l'augment de dot est ou légal ou conventionnel. Mais il n'y a pas dans les provinces du Midi de la France, soumises au droit écrit, la même netteté sur l'augment de dot que dans les provinces du Nord sur le douaire ; et l'on se demande si la femme aurait toujours droit à son augment de dot en l'absence de toute stipulation dans le contrat de mariage.

la dissolution du mariage avait le droit de reprendre d'abord sa dot, puis en outre une certaine partie des biens de son mari.

Il faut répondre oui d'une façon générale.

A peu près dans tout le Midi, il suffit qu'il y ait une dot pour que la femme ait nécessairement droit à son augment de dot. Ainsi dans la coutume de la ville de Bordeaux et dans celle de la ville de Toulouse l'augment est dû de plein droit, même sans aucune stipulation. De même dans les provinces du Lyonnais, du Beaujolais et dans les quelques coutumes locales d'Auvergne qui sont régies par le droit écrit. Il y a toutefois quelques provinces, comme celles de Pau, de Grenoble où il faut une stipulation expresse pour que la femme puisse avoir droit à un augment de dot.

Cette analogie entre le douaire et l'augment de dot ne doit pas être poussée plus loin. De grandes différences séparent ces deux institutions, et la principale est celle qui touche la quotité.

Tandis que la quotité du douaire se règle en proportion des biens du mari, celle de l'augment de dot se règle en principe sur l'étendue de la dot ; il y a lien intime entre la dot et l'augment de dot.

Ainsi dans la coutume de Toulouse l'augment est de la moitié de la valeur de la dot. La coutume de Bordeaux tient compte en outre de la qualité de l'épouse. La jeune fille qui se marie a droit au double de sa dot ; la veuve qui se remarie n'a droit qu'au tiers [1].

---

1. Coutume de Bordeaux, art. 47 : Ainsi la femme doit gagner le double de sa dot quand le mari va de vie à trépas avant la femme...

Art. 49 : Si la femme a été autrefois mariée, doit gagner seulement le tiers de son dot, le cas advenant que son second mari décède avant elle...

Certaines coutumes même n'accordent l'augment de dot qu'aux filles, les veuves qui se remarient n'y ayant jamais droit.

D'autres coutumes se réglaient sur la nature de la dot, faisant des distinctions suivant qu'elle avait une valeur certaine ou incertaine, suivant qu'elle consistait en argent ou en immeubles, fixant l'augment dans le premier cas à la moitié de la dot, dans le second au tiers.

Mais comment a-t-on été amené à établir une relation entre la dot et l'augment de dot, alors que nous ne trouvons rien de semblable pour le douaire ?

C'est probablement par souvenir de ce qui avait lieu à Rome pour les donations à cause de noce.

Au début du Bas-Empire nous voyons une institution se développer, celle des donations *ante nuptias*, donations que les fiancés faisaient à leur future avant le mariage. Cette donation dans la suite put être faite même pendant le mariage et prit le nom de donation *propter nuptias*, Mais ce qui nous intéresse dans cette institution c'est qu'elle suppose que la femme a apporté une dot à son mari et qu'elle doit être de la même valeur que celle-ci.

C'est par souvenir des règles de cette donation à cause de noce qu'a dû s'établir cette relation entre l'augment de dot et la dot apportée par la femme, relation que nous avons vu différer suivant les coutumes [1].

Tout ce que nous venons de dire s'applique à l'augment de dot légal, coutumier, c'est-à-dire à celui qui est dû à

1. Viollet, *Histoire du droit civil français*, page 809.

la femme en l'absence de toute clause spéciale sur ce point de la part des époux.

Mais il leur était permis de convenir d'un augment de dot soit plus élevé, soit plus faible que le coutumier, ou même n'ayant aucune relation avec la dot ; ils pouvaient également décider que la femme n'aurait droit à rien à la mort de son mari. Les époux avaient sous ce rapport toute latitude, à la condition toutefois de ne rien stipuler de contraire aux bonnes mœurs.

Mais cette liberté était-elle telle qu'elle permit aux époux de convenir que le mari pourra pendant le mariage modifier l'augment de dot conventionnel réglé par le contrat de mariage ?

On l'a soutenu en disant que l'augment de dot venant de la donation *propter nuptias* du droit romain, il devait en avoir les règles, donc devait pouvoir, comme cela se passait pour celle-ci, être non seulement augmenté, mais même constitué durant le mariage. Mais c'est pousser un peu trop loin la ressemblance entre ces deux institutions.

Si la donation *propter nuptias* a pu inspirer l'augment de dot en ce qui touche la relation entre lui et la dot apportée par la femme, il n'en est pas moins vrai que ces deux institutions ne sont nullement soumises aux mêmes principes, et la donation *propter nuptias* avait depuis longtemps disparu quand l'augment de dot s'introduisit.

En outre les donations entre époux, et l'augmentation de l'augment de dot pendant le mariage revenait à cela, étaient interdites par le droit romain observé dans les pays de droit écrit, non moins que par le droit coutumier[1].

A propos de l'augment de dot préfix, nous trouvons une règle qui lui est commune avec le douaire, c'est que la femme ne peut avoir à la fois l'augment préfix et l'augment coutumier, et que si un augment de dot préfix a été stipulé, la femme ne peut y renoncer pour prendre le coutumier.

Nous avons dit au début de ce chapitre que les enfants avaient droit à l'augment de dot, qu'ils avaient à ce titre la propriété des biens constituant celui de leur mère, ce qui paraît faire une analogie de plus avec le douaire ; mais elle n'est qu'apparente.

En effet tandis que les enfants, pour avoir droit à leur douaire devaient renoncer à la qualité d'héritiers, rien de pareil ici, l'augment de dot leur est dû qu'ils se portent héritiers de leur père ou qu'ils renoncent à sa succession. En outre ici si leur mère meurt avant leur père, ils sont privés de l'augment de dot, tandis qu'ils ont droit au douaire même au cas de prédécès de leur mère.

Il existait encore une règle spéciale dans les pays de droit écrit. Si la mère se remariait, elle avait le droit de prendre en toute propriété une part virile, c'est-à-dire une part égale à celle d'un enfant. Rien de pareil n'exis-

---

1. Dans un seul cas le mari aurait pu avoir le droit de constituer l'augment de dot pendant le mariage, c'est celui où la femme se serait constituée comme dot, tous les biens qui lui adviendraient pendant le mariage. Ici le montant de la dot n'étant pas connu d'avance, on ne pouvait songer à régler dans le contrat de mariage le montant de l'augment de dot.

tait dans le douaire, la femme ne gardait jamais que son usufruit, qu'elle se remariât ou non.

Ainsi l'augment de dot des pays de droit écrit et le douaire des pays coutumiers, s'ils avaient pour ainsi dire le même but, assurer à la veuve une certaine partie des biens de son mari, tout au moins en jouissance, différaient trop profondément pour qu'on puisse dire que c'était la même institution portant seulement des noms différents.

CHAPITRE V

RAISONS QUI ONT OCCASIONNÉ LA SUPPRESSION DU DOUAIRE

Nous venons de suivre le douaire dans son développement historique ; nous avons assisté à ses transformations et nous avons vu qu'il constituait un énorme avantage pour la femme.

Il avait eu une réelle utilité au moment de son apparition. A cette époque en effet les femmes étaient regardées comme d'une condition inférieure aux hommes, elles étaient tenues en lisière par leurs maris et ceux-ci avaient tout pouvoir non seulement sur leurs biens, mais aussi sur leur personne. Mais cet état de choses ne devait pas durer. Sous l'influence de l'Église les femmes virent leur condition devenir meilleure et tendre à se rapprocher de plus en plus de celle des hommes. C'est à ce moment que le douaire se développa chez nous, donnant ainsi à la femme des avantages pécuniaires à défaut d'autres. Le douaire était donc alors parfaitement utile.

Mais cette utilité dura-t-elle aussi longtemps qu'exista le douaire ? Non. Si primitivement le douaire était le seul avantage conféré aux femmes, plus on avance à travers les siècles, plus on voit que d'autres institutions se développent, rendant la condition de la femme de plus en plus heureuse et par contre moins nécessaire le douaire.

Ces avantages accordés à la femme, ce sont comme avantages légaux, les seuls qui nous intéressent, son droit communauté qui grandit rapidement et le secours de l'hypothèque légale.

Ce sont ces innovations qu'il nous faut étudier, innovations qui, organisées au profit de la femme, vont rendre sa condition bien meilleure.

La communauté, avons-nous dit, en apparaissant, élargit les droits de la femme. Ce n'est au début qu'une simple collaboration entre mari et femme, ce que montrent ces mots qu'on retrouve sans cesse : *quod simul collaboraverunt.*

La femme n'a d'abord droit qu'au tiers de sa part de collaboration, tandis que le mari en a les deux tiers, pour bien marquer sa supériorité. Mais une tendance s'établit rapidement à fixer cette part de la femme à la moitié, tendance que nous avons déjà constatée dans le douaire. Puis peu à peu se forme une véritable communauté de conquêts, c'est-à-dire de tout ce qui est advenu aux époux, autrement que par succession. Dès lors les meubles de chaque époux vont tomber dans la communauté en pleine propriété, et les immeubles seulement pour la jouissance. L'idée de mettre les deux époux sur le même rang s'introduisit de plus en plus et on en serait arrivé fort probablement à la communauté universelle, si les mœurs ne s'y fussent opposées en défendant d'y faire entrer la *terra aviatica*. Ainsi la communauté vers le xe siècle est complètement établie. Tandis qu'au début la femme n'avait droit à une partie des biens communs qu'en cas de survie, ne laissant rien par conséquent à ses héritiers si elle mourait avant son mari, dès lors elle est copropriétaire avec lui et transmettra ses droits à ses héritiers si elle ne peut les exercer elle-même.

Ainsi au temps de Beaumanoir, c'est-à-dire au xiiie siècle, la communauté est établie sur des bases solides et les règles que nous trouvons chez cet auteur sont encore celles exposées par Pothier et qui ont passé en grande partie dans notre Code civil.

Les époux, au xiiie siècle, en se mariant, étaient soumis de droit au régime de la communauté [1] ; ce n'est que plus tard qu'ils eurent la liberté d'en stipuler un autre.

La caractéristique de ce régime, c'est que les biens des époux, nous préciserons lesquels tout à l'heure, formaient une masse commune, soumise à un ensemble de règles spéciales et ne se confondant pas avec les biens propres de chacun. Cette masse commune comprenait, dit l'art. 220 de la coutume de Paris : « Les biens meubles et con-

---

1. Beaumanoir, *op. cit.*, chap. XXI, n° 2 : Cascun set que compagnie se fait par mariage, car si tost comme mariages est fes, li bien de l'un et de l'autre sont commun par le vertu du mariage.

quêts immeubles faits durant et constant le mariage. »

Les conquêts, ce sont les biens acquis pendant le mariage à titre gratuit ou onéreux, sauf toutefois ceux advenus par succession des parents. Cette expression s'oppose à celle de propres qui s'applique aux biens appartenant à chacun des époux et ne tombant pas dans la communauté, au même titre du moins que les conquêts, car si ceux-ci et les meubles y tombent pour la pleine propriété, les propres y tombent pour la jouissance. Ces règles se retrouvent encore dans notre Code civil, art. 1401.

Mais si la Communauté comprenait un actif, et nous venons de le voir, elle comprenait aussi un passif qui était composé des dettes antérieures au mariage, à cause de la règle « qui épouse le corps épouse les dettes », des dettes contractées par le mari durant le mariage et de celles contractées par la femme avec l'autorisation de son mari.

Quels vont être les droits de la femme sur cet ensemble de biens communs ? Durant le mariage ils vont être fort peu étendus ; mais ce qui nous intéresse, c'est de savoir à quoi elle va avoir droit à la dissolution du mariage ?

Elle aura droit à la moitié des biens communs, déduction faite, bien entendu, des dettes grevant la communauté[1]. La femme est en effet copropriétaire avec son mari des biens composant la Communauté, et il est juste qu'elle ait droit à la même part que lui, c'est-à-dire à la moitié.

---

1. Coutume de Paris, art. 229 : Après le trépas de l'un desdits conjoints, les biens de ladite communauté se divisent en telle manière que la moitié en appartient au survivant, et l'autre moitié aux héritiers du trépassé.

La femme a donc outre son douaire des droits sur la communauté, ce qui lui fait une situation excellente.

En effet si la communauté est bonne, c'est-à-dire si l'actif est supérieur au passif, la femme va bien entendu l'accepter et elle aura droit de ce chef à la moitié des biens qui la composent. Mais cela ne l'empêchera pas d'avoir droit aussi à son douaire.

Elle prendra donc à titre de douairière l'usufruit de moitié des propres du mari, et à titre de commune la moitié des conquêts et meubles.

Et si la Communauté est mauvaise, elle va y renoncer ou ne l'accepter que sous bénéfice d'émolument ce qui lui permettra de garder intacts tous ses biens.

L'autre avantage légal conféré aux femmes, c'est le secours de l'hypothèque légale.

L'hypothèque était inconnue de notre très ancien droit. En effet à cette époque les femmes avaient fort peu de dot à reprendre et d'ailleurs leurs apports tombaient le plus souvent dans la Communauté, donc sous la main du mari, sans donner lieu à aucune récompense.

Quant au douaire il portait sur les propres du mari en toute propriété, et était un droit réel, tout aussi solide par conséquent que l'hypothèque.

Ce n'est guère que vers le xiv° siècle que nous voyons l'hypothèque s'introduire, avec la renaissance du droit romain ; mais ce n'est d'abord qu'une hypothèque conventionnelle ; il n'existe pas encore d'hypothèque légale, tacite, générale, au profit de la femme. Mais avec la déviation de la communauté, avec l'introduction du système des récompenses, avec l'habitude qu'on prit de faire du douaire un simple droit de créance, l'hypothèque légale devait se faire jour.

C'est donc au plus tôt du xvi᷄ siècle que date cette hypothèque qui va assurer la femme de trouver à la dissolution du mariage sa part de communauté, son douaire, ses reprises.

La femme va d'abord être sûre de retrouver ses apports mobiliers qu'elle a pu stipuler propres, grâce à l'apparition des clauses de la communauté conventionnelle, car pour ses immeubles ils sont propres de plein droit.

Pour le douaire on prit de plus en plus l'habitude de le stipuler dans le contrat de mariage et de le faire consister en une rente de tant, donc en un droit de créance.

N'ayant plus la même solidité qu'autrefois où il portait sur la propriété, il fallait le garantir, il le fut par l'hypothèque légale.

Enfin cette hypothèque vint encore mettre la femme à l'abri des aliénations de son mari en fortifiant l'établissement des récompenses. L'art. 232 de la deuxième rédaction de la coutume de Paris [1] (1580) mentionne en effet deux cas de récompenses : celui de vente d'un propre et

---

1. Art. 232, coutume de Paris : Si durant le mariage est vendu aucun héritage ou rente propre appartenant à l'un ou à l'autre des conjoints par mariage, ou si ladite rente est rachetée, le prix de la vente ou rachat est repris sur les biens de la communauté, au profit de celui auquel appartenait l'héritage ou rente : encore qu'en vendant n'eut été convenu de remploi ou récompense et qu'il n'y ait aucune déclaration sur ce fait.

celui de rachat d'une rente. La femme pouvait se trouver lésée si son mari faisait à son préjudice un de ces actes ; aussi le secours de l'hypothèque lui fut-il utile dans ces deux cas et bientôt même dans un troisième, celui de dettes contractées par elle en concours avec son mari.

Tout cela constituait donc une grande protection pour la femme, protection qui venait de cette idée sans cesse présente à l'esprit des juristes que l'on doit sauvegarder les propres de la femme contre les pouvoirs du mari. Sa condition était donc ainsi rendue meilleure.

D'ailleurs cette hypothèque de la femme qui portait sur tous les biens du mari, qui était donc générale, était considérée comme conventionnelle ou légale suivant qu'il avait été fait ou non un contrat de mariage.

S'il y avait eu un contrat de mariage, c'était une hypothèque conventionnelle, résultant de l'acte notarié et datant du jour du contrat. Si, au contraire, il n'en avait pas été fait, l'hypothèque datait du jour du mariage, c'était la véritable hypothèque légale. C'était donc à l'une ou à l'autre de ces deux dates qu'étaient garanties les créances de la femme, quel que fut le moment de leur naissance. Cependant elles ne venaient pas toutes concurremment à cette date unique ; des causes de préférence existaient entre elles : d'abord venait la dot, puis le douaire, puis le remploi des propres, enfin l'indemnité due pour dettes contractées avec le mari. Cet ordre pouvait avoir de l'importance, par exemple pour les enfants, dans les provinces où ils avaient droit à un douaire, et aussi pour les tiers à qui les femmes avaient cédé leur hypothèque.

Mais si l'hypothèque avait cet effet d'assurer la femme de retrouver dans le patrimoine de son mari même valeur que les biens auxquels elle avait droit, elle en avait aussi un autre en quelque sorte préventif : elle mettait un frein aux aliénations que le mari pouvait faire des biens, qu'il avait sous la main. S'il aliénait un de ces biens, il l'aliénait grevé de l'hypothèque de la femme et l'hypothèque étant un droit réel suivait le bien en quelque main qu'il passât. Il fallait donc au mari pour pouvoir donner toute sécurité à l'acquéreur qu'il fit concourir sa femme avec lui à l'aliénation et qu'il la fit renoncer à son hypothèque. Celle-ci le pouvait évidemment ; mais outre qu'elle ne devait pas y consentir souvent, le mari pouvait répugner à recourir ainsi sans cesse à sa femme et se trouvait arrêté dans ses aliénations.

Toutes ces innovations en faveur de la femme constituaient donc autant de raisons pour la suppression du douaire.

Il nous reste maintenant à montrer que dans l'esprit des auteurs des derniers siècles de l'ancien régime le douaire ne remplissait plus le but qu'on s'était proposé en l'établissant.

A l'époque de la formation du douaire, on invoquait pour expliquer sa raison d'être des motifs d'affection, des raisons tirées du cœur. On voulait, disait-on, se conformer aux antiques usages et aux préceptes des livres saints. C'étaient donc le sentiment chrétien et l'affection pour

l'épouse qui semblaient avoir inspiré nos anciens juristes.
C'étaient d'ailleurs les mêmes raisons qu'on avait invo-
quées pour expliquer la dos germaine : c'était une marque
de tendresse et de gratitude, toutes raisons qui se trouvent
aussi dans nos anciennes formules et chartes, où l'on
trouve que le douaire est constitué *pro antiqua consue
tudine et pro dilectione vel amore.*

Avec l'apparition de nos premiers coutumiers, au
XIIIᵉ siècle, nous allons voir encore ces mêmes idées.
Ainsi Beaumanoir dit : « ... il est mestiers que lor
femes qui demeurent esbahies et déconfortées, soient
gardées que force ne lor soit fete en ce qu'eles ont acquis
par le reson du mariage, après le décès de lor mari... »

Le douaire sert donc à cette époque à récompenser les
femmes qui sont un peu serves dans le mariage et sup-
portent les douleurs de l'enfantement [1]. Aussi trouvons-
nous le douaire dans toutes les familles, chez les plus
riches, comme chez les plus humbles, car on n'a encore
invoqué aucune raison d'intérêt.

Ce vont être ces raisons, au contraire, qu'on va mettre
en avant à mesure que nous avancerons à travers les
siècles. Dorénavant on dira que le douaire sert à maintenir
aux femmes le rang qu'elles avaient du vivant de leur
mari, à ne pas déchoir, qu'il était naturel de s'occuper de
leur sort, et que puisqu'elles étaient réduites à des droits

---

1. Beaumanoir, *op. cit.*, chap. XIII, n° 1.
Livre de Jostice et de Plet, page 219 «... por ce qu'ele est sèvre au sei-
gnor et por ce qu'ele a dolor d'enfantement plus que sire n'a. »

successoraux très restreints, il fallait leur donner comme
compensation un douaire très élevé [1].

Etienne Pasquier disait en effet dans une lettre adressée
au Conseiller d'État Brisson, livre IX, lettre 1 : « ... ne
permettons ny au mari ny à la femme de s'avantager en
aucune sorte par leurs testaments ; avons introduit le
douaire comme guerdon et récompense de cette belle
fleur de virginité que nous cueillons en nos femmes
lorsqu'elles sont vierges, et quant aux veuves pour témoi-
gnage et recognoissance de leur chasteté. »

Les commissaires de Lamoignon [2] nous disent aussi que
le douaire et l'augment de dot ont été introduits « pour
donner aux veuves moyen de vivre et de subsister hono-
rablement selon la condition de leur défunt mari ». Puis
plus loin : « Le douaire n'est que revenu qui lui est
accordé sur les biens du mari pour lui aider et soutenir,
quand elle est veuve, l'état qu'il lui a laissé en mourant. »

C'étaient donc uniquement des raisons d'intérêt qu'on
mettait en avant, et nullement, comme anciennement, des
raisons d'affection. Le douaire n'était plus dès lors utile
qu'aux familles riches ou tout au moins aisées ; il n'avait
plus de raison d'être chez les petites gens où il était natu-

1. Dans notre très ancien droit, les femmes ou n'avaient aucun droit succes-
soral, ou n'avaient droit qu'à une part de la fortune mobilière. Dans la suite,
leur droit s'accrut, mais dans de faibles limites, car elles furent toujours pri-
mées par les aînés mâles en vertu de leur droit d'aînesse, et ne purent jamais
hériter des terres et fiefs.

Dans la succession de leur mari, elles ne venaient qu'après tous autres
parents en ligne directe ascendante ou descendante et en ligne collatérale.

2. Lamoignon, *Recueil d'arrêts*, tome II, chapitre des douaires.

rellement fort restreint. C'était donc une institution déviée, détournée de son but primitif. Il paraît même, s'il faut en croire Lamoignon que, de son temps, le mari avait l'habitude de ne pas payer le douaire, ce qui faisait qu'on en stipulait d'énormes.

Pothier nous dit aussi d'ailleurs, que le douaire sert à la femme à conserver la position qu'elle avait du vivant de son mari, que celui-ci contracte en se mariant l'obligation de pourvoir à la subsistance de sa veuve.

Quant au douaire coutumier, il était loin d'être soumis à des règles suffisamment subordonnées aux besoins du temps. « Il serait peut-être bon, nous disent les commissaires de Lamoignon, de retrancher l'usage du douaire coutumier, mais si on veut le conserver par la raison qu'il est établi d'ancienneté dans toutes nos coutumes... il est juste d'établir certaines lois et certaines conditions pour adoucir les incommodités qui en résultent et retrancher par le même moyen l'excès des douaires préfix, le tout par des lois prohibitives auxquelles on ne puisse déroger. » Et Lamoignon, dans son arrêt 1 du titre des douaires va même plus loin, car il tend à supprimer tout à fait le douaire coutumier. « Il n'y aura, dit-il, pour les mariages qui seront contractés ci-après en pays de coutume et de droit écrit, autre douaire, augment de dot, préciput et gain de survie que celui qui sera convenu par le contrat de mariage. » Et il y revient dans son arrêt 2 : « S'il n'y a point de contrat de mariage, il n'y aura aucun douaire, ni augment de dot, ni préciput, ni gain de survie. »

Ainsi le douaire, à la fin de l'ancien régime, ne répondait plus aux exigences qui avaient présidé à sa formation. D'une part il était rendu inutile par les autres avantages créés en faveur de la femme. D'autre part les raisons qu'on donnait de son existence étaient absolument différentes de celles données lors de son apparition et en faisaient une institution désormais sans grande utilité. Si l'on négligeait maintenant les raisons d'affection pour ne plus songer qu'aux raisons d'intérêt, cela provenait de l'affaiblissement de l'esprit chrétien ; mais cela provenait surtout de l'influence du droit romain. Tandis que le douaire faisait évoquer l'idée du mari qui se lie les mains à l'avance, abandonnant une partie de ses pouvoirs, la dot romaine fait venir les idées contraires. Le mari apparaît tout puissant sur les biens dotaux de sa femme, et l'on comprend que cette idée plus positive ait fini par triompher des raisons de sentiment [1].

Aussi ne faut-il pas s'étonner si le douaire n'a pas trouvé grâce auprès des rédacteurs du Code civil et s'il n'a pas été reproduit dans nos lois actuelles.

1. Voir *Leçons d'introduction à l'histoire du droit matrimonial français*, par M. Ch. Lefebvre, page 119, note 1.

CHAPITRE VI

Le douaire était condamné à la fin de l'ancien régime,
et il ne devait guère lui survivre, du moins en tant que
douaire légal, car pour le douaire préfix, grâce au principe de la liberté des conventions matrimoniales, les époux
furent libres de se faire telle libéralité qu'ils voulaient
pour après leur mort, mais nous verrons que ce n'était
plus le douaire ancien, mais une simple donation.

Pour le moment occupons-nous seulement du douaire
coutumier et tout d'abord de celui de la femme.

A-t-il été supprimé par la loi du 17 nivôse an II qui est
venue décider dans son art. 61 que « toutes lois, coutumes, usages et statuts relatifs à la transmission des biens
par succession ou donation sont abolis » ?

Des auteurs l'ont soutenu en se fondant sur la généralité de cet article qui parle des biens acquis par succession

ou donation, ce qui semble bien comprendre le douaire et en général tous les gains de survie.

Mais telle n'est pas notre opinion, et nous aimons mieux décider avec Merlin que le douaire a survécu aux lois de la période intermédiaire et n'a été supprimé que par le Code civil. Nous sommes d'ailleurs soutenus en cela par les travaux préparatoires du Code.

Dans une affaire relative à la demande en délivrance d'un douaire par une femme mariée seulement depuis la loi du 17 nivôse an II, Merlin qui faisait alors partie de la section des requêtes de la Cour de cassation s'est montré très affirmatif sur ce point [1].

L'art. 61 de la loi du 17 nivôse an II nous dit que les lois et coutumes relatives à la transmission des biens par succession ou donation sont abolies. Mais le douaire, pas plus, d'ailleurs, que les autres gains de survie, n'est ni un droit de succession ni une donation.

Il n'est pas d'abord un droit de succession. La femme en réclamant son douaire ne fait nullement acte d'héritière. Celui-ci ne porte que sur l'usufruit de certains biens du mari, et n'est jamais réciproque, caractères qui ne se retrouvent pas dans les droits successoraux. En outre, la femme en recevant ces biens ne les recueille ni du chef de son mari prédécédé, ni comme substituée à ses droits,

1. Merlin, *Répertoire alphabétique de jurisprudence*, au mot gains nuptiaux, § 4. Il s'agissait dans l'espèce d'une femme veuve qui réclamait au frère de son mari, seul héritier de celui-ci, la délivrance des biens auxquels elle avait droit conformément à sa coutume. Elle avait perdu en première instance et en appel et avait formé un pourvoi en cassation.

ainsi que font les héritiers, mais bien en son nom propre.

Le douaire n'est pas non plus une donation, car toute donation suppose une intention libérale, et nous n'en trouvons pas ici. Le mari doit, c'est la coutume qui le veut, laisser à sa femme certains de ses biens pour qu'elle puisse, après sa mort, avoir de quoi vivre. Il n'y a là rien de semblable à une donation, et ce qui le prouve encore, c'est que le douaire n'a jamais été soumis à la formalité de l'insinuation, au contraire de toutes les donations.

Les statuts relatifs à la transmission des gains de survie ont donc survécu à la loi du 17 nivôse an II.

On objecte alors l'article 13 de la même loi [1]. Cet article valide les avantages stipulés entre les époux, donc le douaire ; mais il le fait, dit-il, nonobstant les dispositions de l'art. 1er auquel il est fait exception sur ce point. Or cet article 1er déclarait nulles toutes les donations entre vifs faites depuis le 14 juillet 1789, c'était donc, dit-on, que l'art. 13 assimilait le douaire aux donations.

Ce raisonnement ne nous paraît pas convaincant, car l'exception que nous trouvons à la fin de l'art. 13 ne se rapporte qu'aux avantages stipulés entre les époux. Pour eux seuls il fallait, pour leur maintien, une dérogation expresse à l'art. 1er ; mais pour ceux établis par les cou-

1. Art. 13, loi du 17 nivôse an II : Les avantages singuliers ou réciproques stipulés entre les époux encore existants, soit par leur contrat de mariage, soit par les actes postérieurs, ou qui se trouveraient établis dans certains lieux par les coutumes statuts ou usages, auront leur plein et entier effet nonobstant les dispositions de l'art. 1 auquel il fait exception sur ce point.

tumes ou statuts, et qui nous intéressent seuls, il n'était pas besoin d'exception pour les valider. Dès lors ils n'ont aucun rapport avec les donations. Si l'article 13 a cherché à les mettre sur le même rang que ceux stipulés par les époux, c'est uniquement au point de vue de l'irrévocabilité, jamais il n'a voulu dire qu'ils avaient la même nature.

Nos adversaires ont encore d'autres arguments à leur service et ils soutiennent que l'art. 14 de la loi du 17 nivôse an II a implicitement abrogé les coutumes accordant des gains de survie. Cet article en effet ne parle que d'avantages résultant de dispositions matrimoniales ou d'institutions de dons, ne parle plus du tout d'avantages établis par les coutumes, comme l'art. 13. C'est donc, dit-on, que les coutumes sur ce point n'existaient plus.

Ceci ne peut être admis ; l'art. 14 n'avait certainement pas dans la pensée de ses rédacteurs l'importance qu'on lui donne ici. On ne peut du silence de la loi tirer argument pour la suppression de toute une institution ; il faudrait pour cela une disposition bien nette, et l'article 14 ne la contient pas.

Le douaire, pas plus que les autres gains de survie légaux, n'a donc pas été aboli par les lois de la période révolutionnaire[1], il leur a survécu, mais ne devait pas durer longtemps ; le Code civil l'a supprimé.

1. Nous devons dire cependant que la Cour de cassation en a décidé autrement par un arrêt du 20 octobre 1807, malgré les conclusions en sens contraire posées et admises à la section des requêtes le 20 octobre 1806. Voir à l'inverse un arrêt du 13 octobre 1815, Merlin, *Questions de droit*, tome VII, § 3.

Le Code civil, dans son article 1390, déclare que « les époux ne peuvent plus stipuler d'une manière générale que leur association sera réglée par l'une des coutumes, lois et statuts locaux qui régissaient ci-devant les diverses parties du territoire et qui sont abrogées par le présent Code ».

C'est donc qu'avant la publication du Code civil, l'association des époux mariés sans contrat de mariage était réglée par les anciennes coutumes, donc que celles-ci n'avaient pas été abrogées par la loi du 17 nivôse an II.

D'ailleurs si nous nous reportons aux travaux préparatoires du Code civil, nous verrons que telle était l'opinion dominante. Voici ce que dit lors de la discussion de l'article 1390 au Conseil d'État, M. Berlier[1] qui avait été rapporteur à la Convention nationale de la loi du 17 nivôse an II : « ... Il y a même plus, car sans stipulation, ces coutumes ont continué de régir les mariages faits dans leurs ressorts jusqu'à nos jours ; mais pourquoi cela ? C'est parce que jusqu'à présent il n'y a point eu sur cette matière de nouvelles lois et que pour défendre de stipuler d'après les anciennes par référé et en termes généraux, il fallait bien établir un droit nouveau. Ce moment est enfin arrivé et cette situation nouvelle exige qu'il soit posé une barrière... »

Au cours de la même discussion, M. Regnaud[2] (de Saint-Jean-d'Angely) s'est montré au moins aussi net : « Si les

1. Fenet, *Travaux préparatoires du Code civil*, tome XIII, page 535.
2. Fenet, *op. cit.*, tome XIII, page 536.

contractants pouvaient se soumettre d'une manière générale à l'empire d'une coutume, quelquefois leurs stipula-
tions porteraient à faux en s'appliquant à des dispositions
qui ne peuvent plus recevoir leur exécution..., par exemple s'ils déclaraient qu'ils se mariaient suivant la coutume
de Normandie, ils croiraient le douaire assuré par la seule
force du contrat et sans inscription hypothécaire... »

Cet orateur montre bien que les anciennes coutumes sur
le douaire existaient encore au moment de la rédaction du
Code civil, car il parle seulement d'une dérogation aux
anciennes coutumes sur le douaire, c'est qu'il n'emportait
point hypothèque de plein droit, reconnaissant ainsi implicitement la survivance du douaire à la période intermédiaire.

Nous sommes dès lors en droit de conclure que ce n'est
que le Code civil qui a supprimé le douaire.

Va-t-il en être de même pour le douaire des enfants?
Non, il a été frappé par l'art. 61 de la loi du 17 nivôse
an II. Cet article, en effet, comme nous l'avons vu tout à
l'heure, a abrogé « toutes les lois, coutumes, usages et
statuts relatifs à la transmission des biens par succession
ou donation ».

Or le douaire des enfants étant une sorte de droit suc-
cessoral, contrairement à ce qu'est le douaire de la
femme, a été supprimé par cette loi. Il est bien vrai que
les enfants, pour avoir droit à leur douaire, doivent renoncer à la qualité d'héritier, ce qui pourrait faire croire
à une grande différence entre le douaire et les droits suc-

cessoraux ; mais cette différence n'est qu'apparente, et le douaire des enfants peut être regardé comme un vrai droit de succession. Cela ressort d'ailleurs des termes qu'emploie la coutume de Normandie[1] qui connaissait le douaire des enfants, tout en l'appelant d'un autre nom, tiers coutumier. Il y est dit, en effet que, pour prendre le tiers coutumier, les enfants doivent rapporter toutes les donations et autres avantages, qu'ils doivent partager suivant la coutume des lieux où les héritages sont assis, que les filles ne pourront y avoir droit que « mariage avenant », caractères qui sont bien ceux de toute succession.

Cette abolition du douaire des enfants se trouve de plus confirmée par l'art. 49 du décret du 22 ventôse an II et par l'art. 24 du décret du 9 fructidor de la même année.

Le décret du 22 ventôse an II est intervenu pour expliquer la loi du 17 nivôse an II. On demandait qu'une loi prononçât formellement sur l'abolition ou la conservation du douaire assurant des avantages aux enfants sur une partie des biens de leur père, et l'art. 49 de notre décret répondit qu'une telle loi était inutile, parce que l'art. 61 de la loi du 17 nivôse an II avait déjà résolu la question en abolissant les transmissions statutaires sur ce point.

---

1. Coutume de Normandie, art. 402 : Les enfants partageront ledit tiers selon la coutume des lieux où les héritages sont assis, à laquelle n'est en rien dérogé pour le regard du partage, et sans préjudice du droit des aînés, et n'y pourront avoir les filles que mariage avenant.

Le décret du 9 fructidor de l'an II intervint dans le même ordre d'idées. On demandait l'abrogation expresse des coutumes établissant un douaire en faveur des enfants et l'art. 24 répondit que l'art. 61 de la loi du 17 nivôse an II l'avait déjà fait.

Il est donc bien certain que le douaire des enfants a été supprimé par cet art. 61 de la loi du 17 nivôse an II.

C'est d'ailleurs ce qu'a jugé plusieurs fois la Cour de cassation dans des affaires où il s'agissait de savoir si des enfants pouvaient réclamer leur tiers coutumier dans la coutume de Normandie, après la mort de leur père arrivée postérieurement à la loi du 17 nivôse an II [1].

Ainsi donc, tandis que le douaire de la femme n'a été supprimé que par le Code civil, celui des enfants, au contraire, l'a été par la loi du 17 nivôse an II.

Mais il ne s'agit ici que du douaire légal, coutumier, non du douaire conventionnel. Qu'est-il advenu de ce dernier ? Il a bien survécu à la Révolution et même au Code civil en ce sens que grâce au principe de la liberté des conventions matrimoniales, les époux sont toujours libres de convenir que la femme aura droit à tel avantage en cas de prédécès du mari ; mais ces avantages ce ne sont plus ceux que conférait le douaire, ce sont de simples donations faites par contrat de mariage.

Le Code civil pose, comme principe, la liberté pour les époux de convenir tel ou tel régime matrimonial, mais sous certaines réserves contenues dans les articles 1388 à

1. Merlin, *Questions de droit*, tome XVI au mot tiers coutumier.

1390. Or ce dernier article défend de se reporter aux lois ou statuts anciens sur l'association conjugale. On peut bien, il est vrai, rapporter littéralement le texte d'anciennes coutumes sur les points que l'on veut, mais il sera interprété comme si c'était l'œuvre personnelle des époux et conformément aux règles du Code civil. Le douaire n'existant plus dans le Code civil, si les époux l'ont stipulé, on considérera cela comme une simple donation faite par le mari à sa femme par contrat de mariage, et soumise dès lors à toutes les règles du chapitre IX du titre des donations, quand même le mot douaire figurerait dans le contrat.

Ainsi tandis que le douaire n'a jamais lieu qu'au profit de la femme, la donation par contrat de mariage peut être réciproque.

De plus une telle donation ne sera payée à la femme qu'une fois toutes les dettes de la succession éteintes, conformément à la règle *Nemo liberalis, nisi liberatus* et en outre la femme pourra voir les biens compris dans sa donation fort diminuées par suite de la réserve de certains héritiers.

Les femmes étaient donc beaucoup moins avantagées qu'autrefois depuis la mise en vigueur du Code civil.

Les donations par contrat de mariage ne remplissaient pas le même but que le douaire, et comme droits successoraux, ceux de la femme étaient bien faiblis ; elle arrivait en effet après tous les autres héritiers, ne primant que l'État, aussi pouvait-on dire que ses espérances successorales étaient illusoires, et d'ailleurs elle venait ici au même titre que le mari.

Le Code civil parlait en effet dans l'art. 767 du conjoint survivant non divorcé. Il n'y avait donc rien de spécial à elle.

Déjà lors de la succession du Code civil il s'était trouvé des orateurs pour réclamer au profit du conjoint survivant un droit d'usufruit sur une partie des biens de l'autre ce n'était donc pas rétablir le douaire, puisque ce droit devait être réciproque. Ainsi Malleville, devant le Conseil d'État, avait protesté contre l'état actuel, disant qu'on avait oublié d'assurer l'existence de l'époux survivant. Mais Treilhard avait répondu que l'art. 55 du projet (il devait devenir l'art. 754 du Code civil), accordait l'usufruit du tiers des biens [1].

On se contenta de cette réponse, sans faire attention qu'elle contenait une erreur, l'article 55 du projet accordant bien un droit d'usufruit au père ou à la mère du prédécédé, mais nullement à l'époux survivant.

Ainsi le Code civil n'avait rien fait pour assurer le sort de l'époux survivant, et cependant s'il est vrai que les droits successoraux doivent être en rapport avec l'affection qu'on se porte, où trouvera-t-on plus d'affection que dans le mariage, qu'entre mari et femme : *Erunt duo in carne una*, disait l'Eglise, montrant bien ainsi que le mari et la femme ne doivent plus avoir qu'une seule et même vie.

N'est-il pas juste dès lors que l'obligation contractée par

1. Fenet, *Travaux préparatoires du Code civil*, tome XII, page 38.

les deux époux, au moment du mariage, de se soutenir
l'un l'autre, doive subsister à la mort même, et se tra-
duire dans des droits successoraux, afin de prolonger en
quelque sorte la vie commune.

En outre l'époux survivant n'a-t-il pas souvent contri-
bué à acquérir ou à conserver les biens constituant la fortune du ménage. Ne serait-il pas juste alors de lui en laisser sa part.

Malgré cela rien n'avait été fait dans le Code civil, et
rien ne devait être tenté de longtemps.

En 1849, on fit bien une proposition tendant à permettre à l'époux survivant de réclamer des aliments à la
succession de son conjoint prédécédé ; mais cela n'aboutit
pas.

En 1872 dans la séance du 21 mai, M. Delsol, membre
de l'Assemblée nationale, proposa un système sérieux,
d'où devait sortir la loi du 9 mars 1891 [1].

Dans son projet, M. Delsol plaçait le conjoint survivant
après les parents du cinquième degré, mais avant ceux du
sixième, et lui donnait, lorsqu'il n'était en concours qu'a-
vec ces derniers la moitié de la succession en pleine propriété. S'il y avait des parents avant le sixième degré, le
conjoint survivant ne devait plus avoir qu'un droit d'usufruit, dont la quotité varierait avec la qualité de ceux-ci.

1. Parlant ainsi des modifications apportées au Code civil, signalons pour
être complets une loi toute récente, celle du 14 février 1900, *J. O.* du 17
février, qui est venue modifier l'art. 1094, al. 1, et a restreint la quotité dis-
ponible entre époux quand le survivant ne se trouve qu'en face d'ascendants.

Enfin s'il existait un jugement de séparation de corps prononcé contre l'époux survivant, celui-ci perdrait tout droit à la succession de l'autre [1].

Ce projet de M. Delsol était bien supérieur au système de notre Code civil. Il était fondé en effet sur l'affection réciproque que les époux se doivent mutuellement, et réparait les oublis de notre Code en attribuant toujours un certain droit à l'époux survivant à moins qu'il n'existât contre lui un jugement de séparation de corps et ce n'était que juste, car cela constituait une sorte de déchéance. Mais ce projet trouva des adversaires au sein de l'Assemblée nationale. Aussi M. Delsol demanda-t-il lui-même, que l'on consulta les Facultés de droit, ainsi que les Cours et tribunaux [2].

---

1. *Revue critique*, année 1872, voir l'art. de M. Duvergey.

2. Les Facultés de droit se prononcèrent toutes pour l'opportunité d'une réforme ; mais elles ne s'accordèrent pas sur le choix des moyens à employer pour celle-ci.

Certaines, et entre autres celle de Douai, proposaient d'assimiler l'époux survivant à un héritier légitime, et de lui accorder par conséquent la saisine ; mais la plupart des autres repoussaient cette opinion, se rangeant en cela à l'avis de M. Delsol. La Faculté de Toulouse et la minorité de celle de Poitiers avaient alors proposé d'accorder à l'époux survivant une réserve ; mais cette opinion qui n'était pas celle de M. Delsol n'avait pas été adoptée par la grande majorité des coutumes.

Où la majorité des Facultés s'était écartée de l'opinion de M. Delsol, c'était sur le point de savoir si le droit de l'époux survivant porterait sur une part en propriété, ou seulement en usufruit. Presque toutes décidèrent que ce ne serait qu'un droit d'usufruit, sauf toutefois la Faculté de Toulouse qui voulait qu'on accordât à l'époux survivant la propriété pour moitié, s'il n'était en concours qu'avec des collatéraux ordinaires.

Quant à la quotité, l'avis général était qu'elle devait varier suivant la qua-

Les différents rapports furent lus à la séance de 29 décembre 1875 (*J. O.* des 9 au 16 mars 1876). Mais l'Assemblée nationale se sépara avant même que le projet ait été discuté.

Nommé sénateur en 1876, M. Delsol reprit son projet, et le Sénat le vota une première fois le 9 mars 1877 [1],

lité des parents. Seules les Facultés de Paris et de Grenoble proposaient une quotité invariable, le tiers en usufruit.

C'était donc en résumé, toujours à peu près l'opinion de M. Delsol qui était adoptée, sauf quelques modifications.

Les Cours d'appel se montrèrent en général plus hostiles. Sur vingt-sept, dix-sept seulement furent d'avis d'adopter en principe le projet de M. Delsol : ce sont celles d'Agen, Alger, Amiens, Angers, Bastia, Besançon, Chambéry, Dijon, Grenoble, Lyon, Nancy, Nîmes, Orléans, Pau, Riom, Rouen et Toulouse. La Cour de Douai ne voulait accorder qu'une pension alimentaire, et celle de Caen ne fit pas connaître son avis. Quant aux autres Cours, c'est-à-dire à celles de Aix, Bordeaux, Bourges, Limoges, Montpellier, Paris, Poitiers, Rennes, et à la Cour de cassation, elles ont été d'avis de repousser en entier la proposition Delsol. La plupart des Cours d'appel, qui ont été d'avis de prendre en considération le projet de M. Delsol, ne voulaient faire porter le droit du conjoint survivant que sur une certaine quotité en usufruit des biens composant la succession de l'autre, sauf celle d'Alger qui, seule, voulait lui attribuer la pleine propriété. Mais quant à la quotité sur laquelle devait porter l'usufruit, toutes les Cours étaient loin de s'entendre ; mais où elles se rencontraient c'était sur l'effet du jugement de séparation de corps rendu contre le conjoint survivant. La grande majorité décidait que cela l'empêchait d'avoir droit à son usufruit. Enfin un dernier cas où presque toutes les Cours étaient d'accord, c'était pour décider qu'en cas de nouveau mariage l'époux survivant perdrait son droit d'usufruit. En résumé on peut dire que les Cours d'appel furent plutôt défavorables au projet de M. Delsol, car d'abord beaucoup se montrèrent franchement hostiles dès le début en désapprouvant complètement le projet, et d'autre part, celles qui l'admirent en principe, lui firent subir dans leurs rapports bien des modifications.

1. Le Sénat avait discuté le projet dans sa séance du 7 août 1876 et du 20 février 1877, *J. O.* du 12 octobre 1876 et du 4 mars 1877, puis enfin les 1er, 6, 9 mars 1877, *J. O.* 2, 7, 10 mars.

mais en lui faisant subir plusieurs modifications. En voici d'ailleurs les principales lignes. S'il n'y a pas de parents au degré successible, ni d'enfants naturels, le conjoint survivant aura la pleine propriété des biens du prédécédé.

S'il y a un ou plusieurs enfants issus du mariage, il aura droit à l'usufruit du quart des biens. S'il y a des enfants nés d'un précédent mariage, il n'aura plus qu'une part d'enfant légitime, en usufruit, sans qu'elle puisse excéder le quart des biens. Sa part sera de moitié en usufruit s'il se trouve en concours avec des enfants naturels. S'il y a contre lui un jugement de séparation de corps, il n'aura plus aucun droit. Enfin en cas de deuxième mariage, l'usufruit cessera, du moins s'il y a des enfants du premier lit.

Porté à la Chambre des députés, après le vote du Sénat, ce projet y fut délaissé jusqu'en 1886. Une commission fut alors nommée, et le projet fut voté en première lecture ; mais la Chambre n'eut pas le temps de se livrer à une deuxième lecture.

En 1890, le projet fut repris, et définitivement voté dans la séance du 22 mars 1890 (*J. O.* 23 mars).

Mais la Chambre avait fait subir de grands changements au projet tel qu'il avait été voté par le Sénat.

Aussi dut-il revenir devant celui-ci pour y être discuté à nouveau.

La principale différence était celle-ci : Le Sénat avait limité la masse des biens sur lesquels devait porter le droit du conjoint du survivant aux seuls biens compris dans la succession. La Chambre des députés y ajoutait ceux qui devaient être rapportés à la masse, agissant ici comme cela se passe dans les successions en général, quand il s'agit de connaître l'actif laissé par le défunt.

Afin de sortir d'embarras, la commission du Sénat proposa une solution mixte : le calcul sera opéré sur une masse composée des biens existant au décès du *de cujus,* auxquels seront réunis fictivement ceux dont il aurait disposé au profit de successibles, sans dispense de rapport ; mais le droit de l'époux survivant ne pourra s'exercer que sur les biens existant dans la succession.

Le Sénat adopta cet amendement (Séances des 14-18-21 novembre et 2 décembre 1890 (*J. O.* des 25-19-22 novembre, 3 décembre 1890), et le projet ainsi modifié revint devant la Chambre des députés qui l'accepta sans aucune modification.

Le projet ainsi voté par les deux Chambres, la loi fut promulguée le 9 mars 1891 [1] (*J. O.* 10 mars).

Elle a modifié l'article 767 du Code civil. En voici ses principales dispositions.

Si le défunt ne laisse aucun parent au degré successible, le conjoint survivant succède à la pleine propriété de ses biens. Si au contraire il laisse des héritiers, le conjoint ne recueillera que l'usufruit d'une certaine partie des biens de l'autre : un quart de la succession s'il n'y a que des enfants nés de ce mariage, une part d'enfant légitime le

---

1. Voir *Des droits successoraux du conjoint survivant* de Bouvier Bangillon.

moins prenant sans qu'elle puisse excéder le quart, s'il y a des enfants d'un autre lit. Enfin si le défunt ne laisse que des parents autres que des enfants, l'usufruit ne sera que de moitié.

Outre cela il y a certaines conditions qui doivent se trouver réalisées pour que le conjoint survivant puisse hériter : il faut qu'il y ait eu mariage valable, qu'il n'y ait pas eu divorce, ni même séparation de corps prononcée contre lui.

La masse sur laquelle va s'exercer son droit d'usufruit sera composée, comme nous l'avons vu dans la discussion du projet de loi, de tous les biens existant dans la succession, plus de tous ceux dont le défunt aura disposé, sans dispense de rapport, mais qu'on réunira seulement fictivement, c'est-à-dire qu'ils compteront pour le calcul de la part d'usufruit, mais que le droit du conjoint ne s'exercera pas sur eux.

Telles sont, dans leurs grandes lignes, les dispositions de la loi du 9 mars 1891, et il suffit d'un examen même superficiel pour voir que ce n'est aucunement le rétablissement d'un gain de survie analogue au douaire qu'a eu en vue le législateur.

Tout d'abord le droit reconnu par cette loi au conjoint survivant lui est accordé quel qu'il soit, mari ou femme ; il n'y a donc ici rien de spécial à la femme comme dans le douaire. Mais hâtons-nous de dire que cela constitue un progrès, car dans l'état actuel de notre législation, les raisons d'avantager le conjoint survivant sont les mêmes,.

que ce soit le mari ou la femme. Nous ne pouvons donc que louer le législateur sous ce rapport.

Mais au point de vue qui nous occupe, c'est-à-dire savoir si nous retrouvons dans notre législation moderne quelque chose d'analogue au douaire, nous sommes forcés de dire que le droit accordé par la loi de 1891 étant réciproque, ne constitue nullement une ressemblance avec lui.

En outre la femme qui se remariait gardait toujours son douaire, le nouveau convol n'était nullement une cause de déchéance. Au contraire le nouvel article 767, *in fine,* formule la règle inverse : « En cas de nouveau mariage, l'usufruit du conjoint cesse, s'il existe des descendants du défunt », et l'on peut ajouter que peu importe que les descendants soient nés du mariage que la mort vient dissoudre ou d'un précédent; la seule condition, c'est qu'ils soient légitimes.

De plus, avec la nouvelle loi, il faut tenir compte de la réserve due à certains héritiers, et si le défunt a fait de nombreuses dispositions soit entre vifs, soit par testament, il se pourra fort bien que le droit de l'autre conjoint soit de beaucoup réduit.

Il est vrai qu'il aura le droit de demander une pension alimentaire, mais toutes ces règles n'existaient pas dans le douaire.

Il est une matière où l'on rencontre un droit présentant quelque analogie avec le douaire ancien, c'est celle de la propriété littéraire et artistique.

Un décret du 3 février 1810, concernant seulement les ouvrages gravés ou imprimés était venu consacrer le droit de la veuve de l'auteur sur les œuvres de son mari. Cela aurait pu rappeler, jusqu'à un certain point, le douaire ; mais ce décret ne dura pas.

Le droit qu'il reconnaissait à la veuve seule fut reconnu aux héritiers et ayant cause de tous auteurs par une loi du 14 juillet 1866. Cette loi porta à cinquante ans à partir du décès de l'auteur le droit de ses ayants cause, et elle déclare dans son article 1er que le conjoint survivant (ici il n'est plus dit veuve) aura la jouissance des droits dont l'auteur n'aura pas disposé par acte entre vifs ou testament.

Si tout cela peut constituer un avantage pour la femme veuve, ce n'est nullement le douaire, car ce droit est limité à une durée fixe de cinquante ans, tandis que le douaire était viager, il est réciproque, il peut être réduit par suite de la réserve due à certains héritiers, et il se perd en cas de second mariage.

Ici va s'arrêter notre étude sur le douaire, et nous pouvons dire, en manière de conclusion, que depuis qu'il a été supprimé le douaire n'a pas reparu.

De fortes raisons militaient à la fin de l'ancien régime pour faire consacrer sa suppression ; elles ont encore aujourd'hui la même force ; mais nous n'y reviendrons pas, car elles ont fait l'objet d'un chapitre spécial. Si des tentatives furent faites dans la suite pour chercher à avantager les femmes, elles n'ont abouti qu'à leur donner un droit de succession plus élevé qu'autrefois, droit qui du reste leur est commun avec leur mari.

D'ailleurs nous ne pouvons trouver mauvais qu'on n'ait pas renouvelé au profit de la femme les gains de survie dont elle jouissait autrefois, car s'il est naturel qu'entre les deux époux l'affection soit la même, il est naturel aussi que les avantages auxquels ils ont droit soient identiques.

Vu par le Président de la thèse :
CH. LEFEBVRE.

Vu par le Doyen :
GLASSON.

Vu et permis d'imprimer :
Le Vice-Recteur de l'Académie de Paris,
GRÉARD.

BIBLIOGRAPHIE

Beaumanoir, *Coutume de Beauvoisis.*
Guy Coquille, *Questions et réponses sur les coutumes de France.*
Dumoulin, *Notes sur les coutumes de France.*
Lamoignon, *Recueil d'arrêts.*
Loysel, *Institutes coutumières.*
Merlin, *Répertoire de jurisprudence.*
Pothier, *Traité du douaire.*
   Id.   *Traité de la communauté.*
Viollet, *Histoire du droit civil français.*

TABLE DES MATIÈRES

Châteauroux. — Typ. et Stér. A. Majesté et L. Bouchardeau. A. Mellottée, suc^r

www.ingramcontent.com/pod-product-compliance
Ingram Content Group UK Ltd.
Pitfield, Milton Keynes, MK11 3LW, UK
UKHW022319070726
13614UKWH00002B/832